■最佳零售银行缔造方法■

零售银行
客户理财规划

窦荣兴 编著

企业管理出版社

图书在版编目（CIP）数据

零售银行客户理财规划／窦荣兴编著．—北京：企业管理出版社，2011.1

ISBN 978-7-80255-755-0

Ⅰ.①零… Ⅱ.①窦… Ⅲ.①商业银行—私人投资—银行业务 Ⅳ.①F830.59

中国版本图书馆CIP数据核字（2011）第009866号

书　　名：	零售银行客户理财规划
作　　者：	窦荣兴
责任编辑：	韩天放
书　　号：	ISBN 978-7-80255-755-0
出版发行：	企业管理出版社
地　　址：	北京市海淀区紫竹院南路17号　邮编：100048
网　　址：	http：//www.emph.cn
电　　话：	编辑部68701292　发行部68467871
电子信箱：	bjtf@vip.sohu.com
印　　刷：	北京智利达印刷有限公司
经　　销：	新华书店
规　　格：	170毫米×240毫米　16开本　17.5印张　218千字
版　　次：	2011年2月第1版　2011年2月第1次印刷
定　　价：	69.00元

版权所有　翻印必究·印装有误　负责调换

前言

如果你认为客户理财规划只是简单地收下客户的钱替他们打理，那就错了。这里的"客户理财规划"是一个相当宽泛的概念，要求你打理好客户的一生，而不只是金钱那么简单。

在这种以客户人生为中心的理财规划框架中，我们要超越传统的交易导向思维，转而关注客户的人生转变。理财顾问在其中要扮演好伙伴、向导和教育者这三重角色，帮助客户实现人生梦想。这种理财规划框架实现了一种全新的合作关系，它要求银行从客户的角度考虑问题，帮助客户树立正确的成功观、金钱观和幸福观。它要求银行担当起教育者的角色，帮助客户诊断财务问题，系统分析客户的财务状况。另外，在今天的老龄化社会中，这一理财规划框架还要求银行帮助客户设计有意义的退休生活（书中多次提到美国的婴儿潮一代，这一代人正步入退休者之列，这与世界范围内的老龄化社会趋势相一致）。

在实现这一业务导向转变的过程中，银行和顾问要做好几个方面的工作。首先要了解客户，获得有关客户的过去、现在和将来的信息，并聚焦客户的人生转变；可以采用调查问卷这种形式。其次，顾问需具备必要的技能，强化"情商"的作用，关注客户关系中与"直觉"相关的要素。最后，银行和顾问还要足够敏感，能察觉宏观经济生活中发生的趋势性变化，并将这些变化与客户理财规划联系起来。

　　总之,过去那种只盯着钱看的狭隘的理财规划概念不再适用,钱固然很重要,但生活的意义远比这丰富,因此我们要采用本书中所探讨的广义的"客户理财规划",从客户人生出发,实现金钱和生活的完美融合。从某种意义上讲,本书解决了零售银行客户理财规划的"世界观"问题,是一本具有普遍意义的发人深思的好书。

目 录

第1章
金融人生规划：金钱和生活的完美融合 …………… (1)
 一种新的服务选择 …………………………………… (2)
 金融人生规划模式 …………………………………… (3)
 以客户人生为中心 …………………………………… (6)
 理财顾问的三种主要角色 …………………………… (6)

第2章
从交易导向到人生转变 ……………………………… (10)
 顾问服务收费 ………………………………………… (11)
 进入人生转变 ………………………………………… (11)
 帮助客户实现人生转变 ……………………………… (12)
 寻找机会 ……………………………………………… (13)
 理财顾问在管理客户意外人生转变中的作用 ……… (13)
 有些人生转变可以预料 ……………………………… (14)
 人生转变的财务影响 ………………………………… (15)
 帮助客户顺利度过人生意外 ………………………… (17)
 帮助客户实现人生梦想 ……………………………… (20)

"为了客户!" ·· (21)

第3章
新合作关系需要的必要技能 ························· (23)
发出正确信号 ·· (24)
扩大顾问的作用 ··· (26)
新合作关系的基础 ··· (27)
顾问的情商 ·· (28)
从客户的角度考虑问题 ··· (30)
杂务工 ·· (33)

第4章
建立新的合作关系：业务转变神话 ··················· (34)
完全不同的会晤 ··· (35)
你想从我这里得到什么？ ·· (39)
运用财富管理指数管理客户 ··· (41)

第5章
关于客户人生的问题 ···································· (47)
询问目的 ·· (51)
理财顾问需要了解的信息 ·· (53)
客户的过去、现在和将来 ·· (56)
聚焦人生转变 ·· (59)

第6章

人生转变调查 …………………………………… (63)
- 人生转变调查问卷 …………………………… (65)
- 人生转变问题表 ……………………………… (68)
- 定位陈述 ……………………………………… (71)

第7章

直觉型顾问 ……………………………………… (76)
- 从信息到直觉 ………………………………… (77)
- 直觉型关系 …………………………………… (79)
- 重新装备自己 ………………………………… (79)
- 金融咨询行业的改头换面 …………………… (80)
- 市场的盲目跟风 ……………………………… (82)
- 考验顾问和客户之间的关系 ………………… (82)
- 与机器对垒 …………………………………… (83)
- 新的问题 ……………………………………… (85)
- 顾问的新工作描述 …………………………… (85)

第8章

增加顾问在客户眼中的价值 …………………… (87)
- 向明天的客户证明你的价值 ………………… (87)
- 客户关系的重要性 …………………………… (90)
- 重新定义"客户" ……………………………… (91)
- 满足客户的期待 ……………………………… (92)
- 客户的价值循环 ……………………………… (93)
- 客户价值方程 ………………………………… (96)

第 9 章

金钱的意义 ··· (97)

这是你的最终答案吗? ···························· (97)
有钱并不意味着你会有好的生活 ··············· (100)
所有罪恶的根源 ·································· (102)
富人和成功人士 ·································· (103)
接触高成就人士 ·································· (105)
生活是中心 ······································· (105)

第 10 章

财富的矛盾 ·· (107)

关于财富的个人哲学 ···························· (109)
永远没有满足感 ·································· (111)
多富才算富 ······································· (111)
金钱与心态 ······································· (113)
金钱能买到的 VS. 买不到的 ···················· (114)

第 11 章

重新定义今天的退休生活 ······················· (117)

时代在变 ·· (120)
理财生活 ·· (121)
退休太早 ·· (125)

第 12 章

工作的角色和重要性 ···························· (128)

更好的生活 ······································· (130)

阶段性退休 …………………………………………… (133)
　　获取一张快乐生活的支票 …………………………… (136)

第 13 章
帮助客户设计退休生活 ……………………………… (139)
　　退休生活的"肮脏小秘密" …………………………… (139)
　　弗洛伊德的睡椅 ……………………………………… (143)
　　充满不确定性的一代 ………………………………… (144)
　　理想的一周 …………………………………………… (146)

第 14 章
在事业转型和退休过渡时期提供指导 …………… (149)
　　事业转型 ……………………………………………… (153)
　　减　压 ………………………………………………… (154)
　　疾病和金钱 …………………………………………… (155)
　　休　息 ………………………………………………… (156)
　　终止无关的评论 ……………………………………… (159)
　　70%标准的终结 ……………………………………… (159)

第 15 章
遗　产 ………………………………………………… (163)
　　投资自己 ……………………………………………… (164)
　　开明的利己主义 ……………………………………… (165)
　　造福后人 ……………………………………………… (168)

第 16 章

新慈善事业 ·· (171)

意味深长的慈善事业 ····················· (172)

道德遗嘱 ·································· (173)

人生的新地图 ····························· (174)

慈善捐赠资源 ····························· (176)

第 17 章

建立资源和专业人士推荐网 ················ (178)

增强你作为向导的作用 ·················· (180)

组建人生规划工作团队 ·················· (181)

看看你的工作团队，就可以了解你 ····· (182)

私人教练 ·································· (183)

在客户专题研讨会中使用外界专业人士 ····· (183)

建立牢靠的专业人士推荐网的关键 ····· (184)

第 18 章

开发客户的"财"商 ··························· (186)

第 19 章

财务感觉系统：了解个人财务问题 ········· (199)

诊断1：了解用钱历史、金钱信仰和行为模式 ····· (200)

诊断2：理清财务目标和人生优先次序 ····· (201)

诊断3：评估风险容忍度 ················· (204)

诊断4：评估财务生活的满意度 ·········· (208)

目录

第 20 章

财务免疫系统：准备迎接人生的起伏 …… (210)
- 诊断1：构建财务保护基础 …… (211)
- 诊断2：拓宽收入渠道 …… (213)
- 诊断3：掌控财务命脉 …… (216)
- 诊断4：增强财务技能和知识 …… (218)

第 21 章

财务呼吸系统：最大限度利用现有的资金 …… (222)
- 诊断1：组织整理财务报告和活动 …… (223)
- 诊断2：根据人生目标和价值观制定财务目标 …… (225)
- 诊断3：制定资金管理战略 …… (227)
- 诊断4：主动实现财务目标并赢得财务独立 …… (230)

第 22 章

财务心脏系统：影响个人财富的人际关系 …… (234)
- 诊断1：提高与钱有关的沟通技巧和人际关系互动能力 …… (235)
- 诊断2：评估对各代人的财务责任 …… (238)
- 诊断3：构建与财务专业人士之间的良好合作关系 …… (241)
- 诊断4：参加捐赠和慈善事业 …… (245)

第 23 章

生活方式和明智行为：善用金钱 …… (247)
- 诊断1：从事有意义的"工作" …… (248)
- 诊断2：设法理解和获得真正的"财富" …… (250)
- 诊断3：追求和谐、有意义的生活 …… (252)

诊断4：终身努力，提高财务健全度 ………………………… (255)

第24章
继续财务教育 ………………………………………………… (257)
专题讨论会 ………………………………………………… (258)
利基市场 …………………………………………………… (260)
打开通往企业的大门 ……………………………………… (261)
金融人生规划师的教育角色 ……………………………… (263)
目　标 ……………………………………………………… (263)
结　语 ……………………………………………………… (264)

第1章

金融人生规划：金钱和生活的完美融合

1953年5月，新西兰养蜂人埃德蒙·希拉里及其来自尼泊尔的向导坦京·诺盖成为首次登上珠穆朗玛峰的人。下山时，希拉里不慎滑倒，幸亏机智敏捷的坦京，他才大难不死。当时，坦京猛力将碎冰锥扎入冰壁，暂时支撑希拉里的登山绳索，时间虽短，却足以让希拉里重新建立支撑点。到达山脚后，他们两人即被来自世界各地的记者团团包围。当听到坦京惊险解救的故事时，记者们个个惊讶不已，并称他为英雄。对此，坦京只是诚恳并淡淡地说："登山运动员之间总是互相帮助的。毕竟，我们是绑在一起的。"

我们每一个人已经选择了在自己的一生中将要攀登的"珠穆朗玛峰"。并且，许多人已经发现，如果没有向导，攀登旅程会危险重重。由于旅程的重要性，今天的客户对所选的向导的技术水平更具鉴别力。另外，好向导的定义也在不断变化。因为"攀登"的客户和理财顾问的命运实际上是紧紧地系在一起的，所以顾问们需要更加注意这一定义的变化。

在《聚焦金融服务革命》一书中，注册理财规划师刘易斯·J·沃克曾宣称未来的趋势将是从产品到过程的重大转变。但是这句话的真正含义是什么？对此，沃克进一步解释说，理财咨询业的未来将被设定为"旨在实现人生目标的整体过程"。持有同样观点的还有《注册代表》杂志的记者特雷西·赫尔曼，他将当代理财顾问比喻为"足智多谋的人生规划看门人"。

美国全国财务教育基金会已经注意到理财顾问日益关注更加个性化、更具有整体性的服务，于是该机构邀请了几位这一领域的"先锋"就人生规划的概念展开研究。"先锋"们于2000年11月聚集在一起，对这一话题发表了个人看法。一位与会者认为，对于客户而言，人生规划运动将最终归结为一个问题，即"人生只是数字累计，或是还有别的什么？"另一位与会者说："我采取的方法是，首先帮助客户回想他们自己的生活，并询问客户，基于自己的价值观和目标他们打算在将来做什么。然后，根据他们的需要和目标，我们确定出相应的财务成本。"另一位与会者解释说："我的许多客户已经对自己的退休计划和财务保障做了适当的安排。如果我们再对此提出建议，他们就会不耐烦地说：'够了，够了'。而他们来向我寻求帮助的是其他事情，如人生理想、满足感和遗产等等。"

许多理财顾问在资产投资和管理方面可谓经验老到，技术娴熟，但是一涉及到开展诸如人生规划等抽象概念的谈话，就一头雾水，心里打颤。他们对这一概念感兴趣，并且认识到其中蕴藏的业务潜力，但是对如何将人生规划方法与实践相结合却完全不清楚。

一种新的服务选择

《投资顾问》杂志的编辑詹姆士·格林认为，"为了更好地服务于客户的总体人生需求，目前许多理财规划师想成为人生教练。"这一观点完全正确。无独有偶，在《理财规划期刊》网站发表的一项访谈中，注册理财规划师凯瑟琳·科顿表示，"现在是增加指导教练服

第1章 金融人生规划：金钱和生活的完美融合

务项目的最佳时机，这可以使我们向客户提供更多维的服务。或许临床心理医师除外，还有谁，与客户谈论他们的最大梦想，并且帮助他们实现它呢？只有我们有这个机会，而这需要全新的技能体系。"

但是，在调查理财规划师的生涯展望时，只有少数人希望成为训练有素的人生教练。希望进行这方面专门培训的理财规划师值得表扬，但是基本上，大部分规划师没有时间或没有兴趣参加培训课程。而其他规划师已经与接受过人生教练培训的专业人士组成"搭档"关系，在形成理财规划之前，他们会将客户介绍给这些专业人士。这种方法同样值得表扬，而且，如果规划师能够识别并且与一位能力和专业水准与自己相当的人生教练合作，这种方法会更适合。

金融人生规划模式

在本书以及相关培训中，我们将提供更加实用的方法，帮助理财规划师体验理财咨询行业的革命性发展。虽然绝大部分理财规划师知道有必要采取更为整合的方法服务于客户，但是大部分人还是不愿意对非理财事宜提供建议。他们担心的是，他们将会被要求为所有的客户解决所有的问题，而这可能会超越他们的专业技能范畴。但是，采用金融人生规划方法，通过与客户对话，理财规划师就可以了解到那些与金钱有关的客户人生大事（实际上，大部分人生大事与财务相关），并且，如果表现出对客户的整体生活感兴趣，将会更容易与客户交谈。我们相信，理财规划师可以很容易地实施这种有效方法，甚至不需要他们在心理上有任何改变。

金融人生规划并不需要给出所有答案，它的关键在于询问正确的问题（第5章将探讨正确的问题）。简言之，金融人生规划就是将对话从资产管理扩展到那些关系客户人生各个方面的金钱问题。

就此而言,金融人生规划不是:

- 扮演精神病专家、婚姻治疗学家或职业顾问的角色。
- 指导非金融事宜。
- 建议人们如何生活。
- 提供超出理财规划师专业知识范围的建议。

金融人生规划是:

- 探究金钱能够为客户带来什么。
- 帮助客户分析他们的资产会给他们带来哪些有形利益和无形利益。
- 预测客户的人生大事以及人生转变,并为这些人生转变提供财务准备。
- 帮助客户建立有助于实现其人生目标的理财目标。
- 就退休准备和退休生活的非财务部分展开讨论。
- 建立人际关系网,认识大量值得信赖的专业人士,并将其推荐给客户。

以下8个原则构成了金融人生规划哲学的基本前提。

1. 人生变幻莫测。金融人生规划的目的是推动人生成功转变。

2. 每个人的人生都是由众多独特经历构成的连续统一体。人生经历极大地影响着个人的感知能力和对相应人生转变的反应。金融人生规划认为,人生某一阶段的发展和磨练的技能、价值观念、人生态度、资源和人际关系有助于在下一阶段迎接挑战,识别机会。

3. 每个人的人生历程都具有独特性。过去,大部分人生转变都按照年龄进行划分,并且能够预知会在人生的哪一阶段发生。但是,由于人类寿命不断延长、人口老龄化的新趋势、居高不下的离婚和再婚率、晚育、职场多变以及人们对终身学习和返校再造或再培训的重视等因素,人生转变并不总能按照年龄进行划分,并且它是不可预测的。金融人生规划认为,现今绝大部分人的人生轨迹不再

第1章 金融人生规划：金钱和生活的完美融合

囿于传统，而是面临着新的机遇或选择。

4. 成年人的学习倾向以生活为中心。与客户发展关系的关键在于联系他们的生活。要想让成年人了解一件产品、一项服务或某一过程，必须让他们看到这些产品、服务或过程与他们自身生活的关联或对他们自身生活的直接影响。这可以简称为"于我何用"因素，每个人都想知道"这对我有什么好处呢？"所以，金融人生规划师给出的理财建议应该以客户生活为中心，为客户定制金融人生规划的有形利益和无形利益。

5. 成年人有强烈的自我指导需求。大部分人都渴望掌握自己的生活。金融人生规划师应该努力提高客户制定明智理财决策的能力，从而使客户感觉到是自己在掌控这一生活领域。

6. 成年人渴望寻找生活的平衡点及其意义。金融人生规划师应帮助客户理清生活各个方面的目标，设计支持这些目标的理财战略。

7. 每个人的内心指南（价值观和人生中的优先次序）引导大大小小的人生决定。当行动方式与内心指南发生冲突时，人就会产生心理斗争，反之，当行动方式符合内心指南时，人就会获得生活满足感。金融人生规划师应帮助客户识别自己的价值观和生活各个方面在人生中的优先次序，然后引导他们作出与这些价值观和人生优先次序相一致的理财决策。

8. 成功的金融人生规划实践的基础是询问正确的问题。好的交流在于聆听，而不是滔滔不绝地说。金融人生规划师的目的是真正了解客户，以根据每个客户的情况、目标和价值观"量身"提供建议。因此，金融人生规划师应该坚持不懈地完善询问技巧。

以客户人生为中心

金融人生规划方法以客户为中心。金融人生规划师必须以客户的生活为中心轴，围绕这一中心轴展开金融讨论。虽然大部分人知道金钱不是最终目标，但是他们始终认为金钱是构建理想生活的一种手段。如果理财顾问有能力将客户的钱与客户的生活联系在一起，这样的顾问，客户将非常乐意与之交往。客户依靠直觉判断顾问是否有足够的智慧制定计划，是否能帮助客户充分利用其钱财而改善生活，而不是将客户的生活作为挣钱的手段。大部分人更愿意接受那些有能力为他们展现未来生活前景并帮助他们实现这一前景的专业人士。对客户来说，自己的钱具有特别的意义，因为钱意味着可以实现自己的目标。另外，有什么样的价值观念体系，就有什么样的挣钱方式，并且其中一部分钱好似种子，可以作为留给子孙的遗产。可见，为了串联客户生活的各个方面，理财顾问需要设法了解客户使用钱的目的、客户资产创造背后的价值观，以及他们打算留下多少遗产。

在人生规划这一革命性发展趋势中，没有哪一职业比理财顾问更能占据有利地位。引入人生规划这一话题并没有变更理财顾问的传统角色，而是将讨论的内容转向客户投资最多的领域：他自己的生活。

理财顾问的三种主要角色

我们曾就客户希望理财顾问发挥何种作用这一问题作过广泛的调查。意料之中的是，没有任何客户说："我需要有人为我购买金融产品"。除了简单的交易导向型任务，客户希望顾问发挥更大的作用。当我们向客户询问"你希望理财顾问充当什么角色"时，得到了以下3个主要答案，因此顾问们应多加锻炼这3个方面的技能。

在金融人生规划模式中，理财顾问主要扮演3种角色：伙伴、向导和教育者。

伙伴

当谈论理财顾问的作用时，客户经常会说："我希望他们能了解我、我的人生和梦想。我不是像乔·杰内里奇一样有钱的客户，所以别用对付他的方法来对待我。"对于新的合作关系，客户总是从直觉上发表看法，并且其中的期盼不言而喻。"如果顾问不能将我是谁与我曾走过的人生联系在一起，那他就不是真正地想要帮助我。他只是想赚钱，为自己获利。"为了与客户之间建立起令人满意的合作关系，顾问必须真正了解他们的客户。后面的第5章将就如何了解客户的人生给出明确的指导，同时提供了相关询问技巧。

伙伴意味着在合作关系中享有平等的地位。客户在追求人生目标时，作为伙伴，理财顾问应与他们并肩同行，并帮助他们实现目标。要想成为一名好伙伴，顾问需要在客户关系上进行投资，并真正了解客户作为个体的独特性。因此，顾问应该不断提高询问技巧，更有效地研究与每一客户相关的人生大事和人生转变。作为伙伴，顾问应向客户阐明自己所具有的能力，并表示愿意与客户一同解决其人生中每次大起大落所面临的财务问题。伙伴好似副驾驶员，分享着客户的人生旅程。

向导

作为向导，顾问应利用自己的金融专业知识和对客户的全面了解制定个性化的金融人生规划。这一规划应该建立在客户独特的境遇、价值观念和人生优先次序安排的基础上。作为向导，顾问应向客户提供可行方案，并激发他们制定决策，采取行动。向导如同导师，既是行为模范，又是可信赖的顾问。

处于各个年龄段的大部分成年人都认识到他们缺乏按照正确人生轨迹生活所需要的自律，并且他们很欢迎有人能够关注他们的利益，提供相关指导。这个人可以称之为私人首席财务官（CFO），人们渴望理财顾问能够像橄榄球场上的四分卫一样，出色领导、确认目标、承担责任并激励成功，而他们想要赢取的比赛就是人生。本书第9章到第17章将为理财顾问提供有效指导客户的最佳工具。

教育者

基本上，今天的客户希望了解细节。对于那些不能或不愿意解释金融概念或产品的顾问，他们总是保持警惕。另外，他们更讨厌听到一连串的金融术语，而是希望理财顾问讲出的话通俗易懂。能够领会顾问提出的概念让客户感到更踏实，更有安全感。我们经常听到客户抱怨说:"我想要知道这到底是怎么回事"，"我不想毫不知情"，"我不蠢，但是请尽量用我能听懂的话说这些事"，或者"这是我的钱，我想我应该知道到底发生了什么"。如果顾问能够积极主动地向客户推荐理财工具，从而帮助他们作出明智的理财决策，客户就会把顾问看作激励他们成长的导师。本书第18章到第24章将提供指导客户理财的相关工具。

作为金融人生规划师，伙伴、向导和教育者的作用就是提供增值服务，而这一服务正是客户想要和需要的。另外，市场的波动性往往会导致一些问题未能圆满解决，一些预期不能充分实现。如果理财顾问能够充分发挥伙伴、向导和教育者的作用，当金融市场滑坡时,就不必担心客户流失。实际上,如果理财顾问对客户给予了恰当指导,客户就会非常渴望利用这些市场机会。

　　能否成为出色的金融人生规划师取决于能否超越交易导向型思维,而采用人生转变思维。这需要使用有效方法,帮助客户发现金融人生规划和人生目标以及人生中各个方面的优先次序之间的联系。本书的目的就在于按照理财顾问的三个主要作用(伙伴、向导和教育者),提供金融人生规划系统框架,提升顾问与客户之间的关系。

第 2 章

从交易导向到人生转变

是否存在一种清晰明了的方法,可以帮助理财顾问和客户实现真正的共赢,并促使他们在整个过程中不仅获得物质利益,而且精神上也能得到满足;同时在合作的过程中,双方都没有遗憾?我们认为,只有理财顾问的思维方式从单纯的交易导向转向关注客户的人生转变,客户与理财顾问双方的梦想和希望才能完美地合二为一。而这种思维的转型取决于理财顾问能否关注以下各项事宜:

- 客户的生活中正在发生什么?
- 客户的生活中将会发生什么?
- 客户希望生活中发生什么?

我们不会天真到建议理财顾问们不必担心谋生,我们承认,交易越多的客户,越能得到出色的理财服务。对于今天的理财顾问,服务方式不同,收取酬金的方式也不同。最常用的一种方式就是,妥善办理一项交易后从中收取一定的佣金。据估计,理财顾问75%的收入来自这一途径。而这种方法的根本缺点在于客户和理财顾问间的讨论过于关注最终目标。正如一位理财顾问所言:"我们可以和客户谈论关于目标、梦想和退休的任何事情,但最终还得引向

第2章 从交易导向到人生转变

交易。办理交易花费了时间,所以我得到了一定的酬劳。"

虽然理财顾问了解提供产品和给出建议两者之间的差别,但是佣金结构仍然将两者捆在一起,因此客户很难确定每项服务的收费。为了更有效地迎合未来客户的需要和期望,理财顾问必须首先考虑到客户的人生需要(人生转变),其次才是如何获取酬劳(交易导向)。我们相信,如果运作恰当,理财顾问和客户之间的对话将很快从人生转变过渡到金融交易。但是,今天的客户对这种思路非常警觉,因为顾问的说话方式最终会暴露他的思考方式。

顾问服务收费

有人生规划才能有理财规划,而不是根据理财规划设计人生规划。理财顾问应根据客户的人生规划制定相应的理财规划,调节或推动人生规划的实现。这种先后顺序的转变将改变理财顾问对业务的描述,同时也影响到客户对顾问酬劳的理解。客户将会看到,酬劳的支付不再严格地与交易相挂钩,因为与一项交易相比,客户从人生转变讨论中获益更多。可见,客户不再只是需要理财顾问简单办理某项交易,顾问的服务主要是为客户提供量身定制的中肯建议,帮助客户顺利度过人生的关键转变,并针对这些服务收费或提取佣金。

进入人生转变

理财顾问该如何带动客户实现实质性的思维模式转变,即从以交易为中心转向以人生转变为中心?一位经验丰富的理财顾问告诉我们,在与客户交谈的最初,就应该做好定位。首先,他向客户说:"钱只是手段,不是目的。与积攒一大笔钱相比,更重要的是制定理财计划,而这一计划因人而异,所以我将询问一些关于你的生活、梦想、计划和金钱的问题。"这段定位陈述非常有效,既可以帮助理财顾问实践金融人生规划,又可以继续询问想了解的问题。

　　日常生活中,人们讨论的不是证券市场的下跌、上涨、横向走势,或是自己投资的共同基金能否赚钱的问题,相比较而言,人们更关心第二代和第三代子女,以及他们自己的健康、事业和迫在眉睫的中年危机问题。在《真诚营销》一书中,作者沙伦·德鲁·摩根称这种现象为存在于我们头脑中的"问题空间"。在这个空间中存在的问题劳神费力,潜伏在我们的心中,好似阴影挥之不去。我们需要解决这些问题,可是解决起来却总有些不情愿。与"问题空间"同样重要的是"梦想空间"。"梦想空间"包括许多抽象的词汇,如念头、想法和愿景。我的人生该怎样过?我能做些什么?如果我坐下来,好好地规划一下穿越现实到达梦想的途径,我能够做什么?我能成为什么样的人?种种担忧让我们夜不能寐、食之无味,内心更是不得片刻安宁;然而,大部分人都不想正视这些问题,除非有人加以指点。这就需要金融人生规划师大显身手了。

　　客户尽力经营的是生活,而不是金钱。这两者相互影响,纠缠不清,盘旋在客户的头脑中。不管客户兜里有多少钱,他们天天想的是现有的生活以及将来的生活,而不是钱。对于客户来说,钱只是实现人生目标的手段。作为顾问,你注意到每一位客户的人生目标了吗?注意这件事情是关注人生转变的开始。

帮助客户实现人生转变

　　什么时候,理财顾问对于客户最有用?答案五花八门,但一般而言,理财顾问的最大价值在于能够帮助客户实现人生转变。客户

第2章 从交易导向到人生转变

可能正在经历这些转变，或是预料到、希望这些转变得以实现。理财顾问需要不断磨练自身的技能，以帮助客户预测或应付人生中发生的变化。

寻找机会

人生大事正是典型的人生转变，通常会涉及到理财问题。一旦客户真正需要理财顾问对他的个人事情提供相关信息，就意味着机会来了。

如果顾问能注意到客户需要经历的基本人生转变，并且敏锐地察觉到哪些转变是可预测的，他就可以发挥伙伴、向导和教育者的作用，适时地为客户提供建议，帮助他们轻松度过人生转变，同时给客户关系带来增值。理财顾问需要与客户保持联系，只有这样才能做到将客户放在第一位，就像天线一样，始终敏锐接收来自客户问题空间的一切信息，因为客户需要顾问针对他的人生计划表提供服务，而不是将顾问自己的安排放在首位。

当生活中发生出乎意料的事情时，客户需要顾问给他们提供可行建议。如果理财顾问认为客户信息在1年内只需要更新一两次，那么一旦在过渡期间发生意外，客户又该去找谁呢？当然，这里的意思并不是说，顾问必须时刻守候在电话旁，好像专办交通事故损害赔偿的律师一样盼望着客户遭遇不幸，但是顾问应定期与客户沟通，保持联系，尽可能地了解客户的想法，熟知他们的生活计划。

理财顾问在管理客户意外人生转变中的作用

大部分专业理财顾问都善于讨论意外人生转变所涉及的财务

后果。通常而言，如果亲人去世，人们的第一反应就是给家人和朋友打电话，其次就是打给保险人员，在困难时期，保险人员会帮助客户减轻痛苦，让客户放心。客户希望理财顾问能够帮助他们解决离婚、意外之财以及财务灾难之类的问题。

在以上情况下，理财顾问对人生转变管理的尝试性介入属于回应式。客户要求顾问提供一定的服务，因为人生转变需要相关的财务交易。这通常不会涉及到太多的咨询服务，因为客户对这些意外有一定的准备。如果顾问-客户关系仅仅建立在金融产品之上，或者顾问将自己的服务局限于资金管理，那么这点尤其正确。

有些人生转变可以预料

回想一下你自己的生活。你经历过哪些人生转变？你期待在今后的10年中发生哪些转变？20年呢？你和客户围着桌子面对面地坐着时，你认为客户正在思考哪些转变？

从人生一个阶段转入另一个阶段是一个情感过程，从中我们会体验到一系列的情感活动。离开过去，拥抱新生活，通常会经历接受事实、理性思考、计划未来和设定目标这个过程。在某种程度上，金融人生规划就是预测和了解客户可能经历的人生转变，并为客户的人生新阶段创建计划和目标。顾问可以通过询问和提供与客户人生转变直接相关的理财建议，来帮助客户设计人生蓝图。

即使人生转变可以预测，着手讨论时，也有必要注意，有些人生转变会发生时间错置，可预测的人生转变往往发生在不可预测的时间里。75岁的老人结婚，签署婚前协议；65岁返校读书，冒险旅行，他们就好像重新回到了20多岁；70岁的白发老人在照顾90岁的父母；还有人第三次走进结婚殿堂，因此希望调整遗产；30多岁的成年人搬回家跟父母住在一起等等。

第2章 从交易导向到人生转变

在涉及到人生转变发生的具体时间时，即使是可预测的人生转变也会变得不可预测，所以关注每个客户的独特性非常重要。大部分以年龄划分人生规划的方法认为，某些事情只属于某一年龄阶段。这一缺陷产生的根源在于它们忽视了客户的独特性。或许某一年龄组中的大部分人也许会经历某些相同的事情，但是仅仅凭借这点就断言这一年龄组的所有人都会经历这些事情，未免有些武断。

人生转变的财务影响

大部分可预测的人生转变都具有一定的财务含义。如果能够让客户意识到在每一潜在的人生转变中都具有特殊的财务含义，理财顾问就有机会将自己定位为金融人生规划师，展开关于人生转变和金融人生规划的讨论。毕竟，作为理财规划师，你有责任让客户了解到人生转变会造成的潜在财务问题。另外，如果将人生转变当作财务问题处理，你就有权深入讨论人生转变，并向客户提供重要的非金融信息，或许他们会发现这些信息非常有价值。

图表2.1列出了一些人生转变及其最明显的财务含义。

图表2.1　　　　　人生转变及其财务含义

人生转变	财务含义	顾问的机会
• 进入青春期	• 了解金钱	• 理财夏令营
		• 教育储蓄计划
		• 为第二代和第三代子孙建立委托账户
• 离家外住	• 保险	• 第一份保单
	• 储蓄账户	• 第一个投资账户
	• 信用卡	• 与成年的孩子展开讨论
	• 财务教育	• 教导孩子,让父母和祖父母放心
• 结婚	• 连带财务责任	• 保险增加
	• 新家和新的抵押贷款	• 长期投资账户
	• 新工作和新的养老金计划	• 储蓄计划
		• 预算帮助
	• 银行存款	• 财务教育
		• 人生规划信息
• 生子	• 保险	• 保险增加
	• 教育储蓄	• 教育储蓄计划
	• 收入减少	• 预算帮助
	• 花销增多	• 财务教育
	• 失去自由	• 人生规划信息
	• 银行储蓄	
• 中年	• 收入水平	• 退休储蓄
	• 收入风险	• 事业转型
	• 债务水平	• 财务教育
	• 净值表	• 人生规划信息
	• 正在进行的储蓄和投资	• 收入转移保险
		• 主要医疗信息
	• 增加资本投资	• 教育信息
	• 房屋装修	• 税务筹划策略和相关信息

第 2 章　从交易导向到人生转变

图表 2.1（续）　　　人生转变及其财务含义

人生转变	财务含义	顾问的机会
	• 年老的父母	• 父母的养老金
	• 子女的财务需要	
	• 纳税	
• 空巢家庭	• 住所更改	• 生活方式规划
	• 可支配收入增加	• 年轻人（第二代人和第三代人）的教育计划
	• 空闲机会增多	
	• 重新关注退休	• 退休储蓄信息和规划
		• 财务规划
• 退休前	• 新的职业或业余爱好的选择	• 生活方式规划
		• 事业转型
	• 退休前景越发清晰	• 创业机会
	• 关心退休储蓄水平	• 退休准备
	• 对退休的思想准备	• 收入转移策略
	• 关注死亡率	• 养老金计划教育
• 退休	• 实践活动	• 关注医疗保险
	• 财务自由	• 退休收入策略和选择
	• 由于市场造成的收入顾虑	• 生活方式规划
		• 提供投资帮助
	• 医疗顾虑	
	• 退休收入	

帮助客户顺利度过人生意外

图表 2.2 详述了客户最容易遭遇的人生意外及其财务含义，以及顾问该发挥什么作用帮助客户度过每一次人生意外。如果客户了解到每次人生意外的财务含义，顾问就有机会帮助他们重新获得

内心的宁静。

图表2.2　　　　不可预测的人生转变及其财务含义

人生转变	财务含义	顾问的机会
• 丧偶	• 遗嘱、遗嘱认证等等 • 保单 • 工作事宜 • 遗产 • 葬礼和最后的费用 • 丧偶后的财务规划 • 资产处置 • 收入减少 • 财务状况的改变	• 理解客户的处境,提供建议 • 坦率地与客户谈论他们的忧虑 • 承担任务,给客户一些时间,帮助他们从悲痛中走出来 • 如果客户需要处理的事宜超出了顾问的知识领域,提供相关信息和帮助 • 如果需要的话,发挥与亲属相同的作用
• 大病一场	• 收入替代 • 保险事宜 • 资产管理 • 医疗费用 • 工作环境改变	• (如果客户询问的话)坦率与客户谈论相关事宜 • 提供帮助,安慰家属 • 减少客户对财务管理的担忧 • 敏感关注患绝症客户的生活费用
• 离婚	• 资产清册 • 资产处置 • 财产分割管理 • 日常财务管理事宜 • 纳税含义 • 收入变动	• 充当伙伴和顾问 • 提供冷静、理性的建议 • 辨别并提供有关生活方式调整的信息
• 换工作	• 收入变动 • 开支不固定 • 生活水平变动 • 保险变动	• 再次强调你可以提供灵活的服务和计划 • 提供新环境的相关信息

图表2.2(续) 不可预测的人生转变及其财务含义

人生转变	财务含义	顾问的机会
• 升职	• 收入变动 • 管理新资产 • 重新制作财务规划 • 保险变动	• 考虑是否可能存在不确定因素或不安全因素 • 关注生活方式和压力级别的变动
• 失业	• 收入需要 • 债务管理 • 纳税含义 • 资产清册 • 资产处置	• 理解失业造成的情感创伤 • 提供事业转型帮助 • 安慰客户的家人 • 帮助客户保持乐观精神 • 再次强调你和客户的合作关系
• 继承遗产	• 理财规划教育 • 资产管理 • 资产处置 • 收入变动 • 生活方式改变 • 纳税含义	• 理解金钱带来的情感波动 • 提供理性的建议 • 提供各类机会的信息 • 帮助其他家庭成员处理新情况
• 意外之财	• 纳税含义 • 资产管理 • 开销改变 • 收入改变 • 雇佣形势改变 • 生活方式改变	• 理解意外之财带来的情感波动 • 发出理性的声音和劝告 • 如果必要,推荐其他专业人士 • 提供人生规划信息 • 提供有关机会的信息

帮助客户实现人生梦想

我记得，一位女士曾向我讲述过她与一名建筑工人之间的对话。当时这名工人正在她家屋顶施工，他边工作边询问她打算如何处理后院的房屋。女士回答说，她的确想做些改进，但是很长一段时间以来她都不知道该从哪里开始，这让她非常苦恼。所以，她什么都没做。听到这儿，建筑工人开始详细询问她头脑中有哪些设计规划。听到她一一描述后，他画了份草图。看到草图，女士询问了一些实现它需要多少成本的问题，得到的答案是她有能力立即实现夙愿。

建筑工人与这位女士之间展开的谈话在很多方面跟金融人生规划师与客户之间的谈话内容相似。人们有梦想，憧憬未来，并且不断思考如何重新设计自己的生活。他们非常渴望这些人生梦想得以实现，却对如何实现它毫无概念，除非有人为他们指点迷津。这个人知道如何勾画人生变化，策划实现变化的步骤，并指出相关成本。上述故事表明，如果右脑的功能是编织梦想，绘制未来的现实图景，那么随后左脑的功能就是策划实施步骤，计算成本。上文这位女士直到对自己的目标有一个清晰的蓝图，才开始准备采取行动。

对于许多客户而言，很小的调整都会极大影响他们对人生的满意度。如果人生转变的谈话只涉及到可预测或客户期待的事件，谈话内容仍然不充分。我们需要进一步谈论个人想象，询问客户的人生梦想，或许这些梦想连客户自己都未曾认真地想过。许多客户将自己的想法深深地锁在心中的秘密角落，极少向外界透露。这些梦想包括：

- 着魔般追求业余爱好。

第2章 从交易导向到人生转变

- 着手个人成长。
- 想法多多,发明层出不穷。
- 事业体验。
- 抓紧时间建立有意义的社会关系网。
- 在所选择的生活和事业中发挥重要作用。
- 找机会驾机单飞,即使尝试失败。
- 在新的运动项目上挑战自己的极限。

很多情况下,如果没有人帮助指点迷津,清晰描述这些愿景,策划实现梦想的途径,这一梦想雏形就会夭折。我们认为,金融人生规划师正是能够帮助人们实现梦想的协导员。金融人生规划师能够询问问题,策划蓝图,制定计划。可见,开启金融人生规划的全过程非常简单,就是让客户回想那些他们曾无比向往的梦想。

第6章将介绍开展人生转变对话的工具和过程。人生转变调查问卷囊括了60多种人生转变,涉及人生的各个方面,如工作生活、家庭生活、生活平衡、财务生活和遗产等等,包括可预测事件、不可预测事件以及客户期待的人生转变。这些工具对于开展和维护以人生为导向的客户对话非常有帮助,而这些对话将不断揭示出对理财规划的需要。

"为了客户!"

大约5年前,投资顾问南希·休菲德改变了其业务开展方法。"我们开始认真地将公司的目标宣言改为,'为了客户'。我们想让客户了解到我们服务的独到之处。"实际上,南希的目标宣言甚至是从客户的角度阐述的:

承诺就是花费时间询问**我**的意见,回答**我**的问题。承诺就是帮助**我**解决人生需要,并真正意识到**我**的人生转变与股票市场上的起落同样重要。

当客户经历人生转变时,南希将自己的角色看作是支持源。"我们设法充分了解客户,"她说,"从字面意义上讲,我们不能是顾问,我们需要表示支持,提供某些领域的知识,而这些东西客户可能并没有想过。"

当客户经历各式各样的人生转变时,理财顾问可以帮助他们妥善处理相关的财务事宜。只有将客户人生转变牢牢记在心上,理财顾问才能将提供的服务与客户的需求完美融为一体。如果箭只是射向金融交易,我们可能会错失客户;但是,如果这支箭射向的是客户的人生,则会次次正中目标。

第 3 章

新合作关系需要的必要技能

> 沟通的重要性怎么强调都不过分。投资人离开经纪人的首要原因是，不能满足客户的期望，或者缺乏明确的沟通。
>
> ——路易斯·哈维
> Dalbar and Associates 公司总裁

普度大学研究人员提姆·克里斯蒂安松和沙伦·德瓦尼曾就理财顾问和客户之间所具有的人际关系进行过研究，他们尤其想确认是哪些因素推动了客户的忠诚度。研究发现，在所有的因素中，沟通对理财顾问赢得客户信任和业务委托的能力具有最大的影响。

当然，仅有良好的沟通并不能保证成功的客户关系，但是，如果缺少沟通，就一定不能维持客户关系。另一方面，如果只是简单地告诉理财顾问，他们需要跟客户进行更多的沟通，无疑好似让急件递送人邮寄包裹，而不向他们说明前往目的地的路线。本章将详细讲解客户沟通路线，这样顾问可以和客户一同到达目的地。一位理财顾问曾简明扼要地描述了这一路线："与每一客户交谈，我都要从'心'开始，用情打动客户，然后转向理智，最终回归情感。"这句话好似完美的路线图，清晰明了地展现了与客户之间的沟通方式。

这位理财顾问所说的"从'心'开始",指当他与客户第一次交谈时,谈话基础就要建立在客户为什么寻求理财建议之上。深究这一原因应该从哲学角度,而不是从财务角度出发。客户为什么希望自己的钱不断增长?钱会给他们带来什么?"转向理智"指采取让客户满意的投资战略和挑选适合客户的投资工具,并推断需要多少投资,以及这份投资需要维持多长时间。"最终回归情感"指沟通结束时,要在情感上给予客户希望,现在,终点线近在眼前,清晰明确,只待最后冲刺了。需要注意的是,设定的终点线应该与客户的独特情况和个人价值观念相符。当客户冲向最终目标时,他们会满怀希望,并且已经开始采取措施,克制自我,提高生活质量。

我们发现,理财行业的客户沟通信息中只有少量与客户有关。由于沟通信息的性质和形式的限制(如数字、表格、等级和事实),大部分理财顾问与客户间的沟通最多也只是局限在左半脑的水平,即数字和事实只渗透到客户负责计划、组织、计算和控制的左脑,却极少与客户负责描述、说明、类推的右脑相联系。人的右脑负责感觉、冒险、情绪和前景展望,而前景展望正是顾问所期望展开的沟通。

如果理财顾问与客户沟通的主要目的是建立信任,那么我们必须从一开始就将沟通之箭瞄向客户负责建立信任的右脑。信任是建立在感觉和内心感受基础上的直觉功能,这一点无人会反驳,但关键是,在直觉基础上,右脑如何精确运转。

发出正确信号

经观察,绝大多数人岁数越大越小心谨慎。20世纪60年代后期抽大麻、迷恋迷幻文化、追随大篷车、高喊自由口号的年轻人,一旦有了孩子,并且想到一年工作四五个月只够缴纳税单时,就不得不在言行举止上日益收敛。年岁已高时,我们是否更转向右脑?在

第3章 新合作关系需要的必要技能

政治背景中,我们不知道这个问题的答案,但是脑科学和老年学研究表明,年龄越大,越容易受右脑的控制。比如,65岁的客户比40岁的客户更容易采取右脑导向。但是,这个研究结果在实践中对理财顾问有何意义?与客户交往时,如何让这个研究结果发挥作用?

随着年龄的增加,人的思想会不断变化,做决定时不再仅仅依靠新知识,而且还基于一生储存的记忆和经验。通过吸取以往与人打交道的经验和教训,成年人的思维方式已经开始转向以右脑直觉思维为主。这意味着,做决定时,他们的主观性更强,他们对数据捣弄和分析不再像以前一样感兴趣。另外,影响成年人思维方式改变的另一因素是,随着年龄增加,人的短期记忆功能会逐渐减退。因此,65岁的人处理数据和事实时往往会感到力不从心,没有45岁时那么轻松。随着年龄的增长,人们慢慢学会跟随本能,他们一生的经验成为他们做决定时最好的导师。这里之所以提及年老过程,并强调必须通过改变来适应这一年老过程,是因为最新的人口普查表明,人类平均年龄和年龄中位数正在持续上升。实际上,现在,这两项数字已达到创纪录的最高点,并且持续看涨。这意味着,传统的商务书籍会逐渐过时,理财顾问需要发展新的必要技能,适应思维模式的转变。

不仅仅是年老客户需要通过右脑沟通来平衡左脑从金融业务介绍中吸收的数据和事实,所有年龄群的客户都需要理财顾问帮助他们分析和理解金融业务介绍。

图表3.1中比较了左、右脑沟通的方法。仔细研究这一表格就会发现,长久以来,金融服务行业过于取悦客户的左脑,过于重视服务于客户左脑所需的技能。过去行之有效的方法在将来未必有用,这主要由于两个原因。首先,客户平均年龄正在不断上升;其次,无论年龄大小,今天的客户都希望顾问提供的建议能够帮助他们增值。

图表 3.1　　　　　　左、右脑沟通方法比较

与客户的左脑有关	与客户的右脑有关
计划	讲授
组织	沟通
管理	引导
细节设计	表达想法
时机掌握	感知问题
执行	理解
监控	支持
控制	服务
支配	相信直觉
定位	感知客户

在今天,理财顾问能够为客户提供的最重要的价值在于图表右边的相关内容。

扩大顾问的作用

　　看一下图表左边,读者立刻就会发现,金融服务专业人士的训练是以左脑为导向的。虽然计划、管理、细节设计、时机掌握、执行、监控、控制和支配全部是必备技能,但理财顾问只有展示了其在图表右边相关项目上所具备的能力,他们才有机会显示其相关的左脑技能。大部分理财顾问似乎都擅长于左脑技能,同时许多顾问在右脑技能上有所欠缺。如果无法预先感知问题出在哪里,顾问又如何证明自己有能力管理客户的投资?如果无法首先从直觉上与客户达成密切关系,客户如何放心让顾问接触和打理他的资产?计划和执行详细计划是一回事,讲授计划内容和建议客户如何执行计划却

第3章 新合作关系需要的必要技能

是另一回事。正如许多理财顾问已经发现的那样，计划能够执行到多大程度，往往取决于理财顾问讲授、引导和与客户进行沟通的技能。实际上，即便理财顾问策划了一份完美的路线图，客户也并不一定会采纳。

新合作关系的基础

完成理财规划工作需要具备计划、管理、细节设计、时机掌握、执行、监控和支配技能，但这些技能的运用并不是理财规划工作的第一步。如今，理财顾问所做的与客户所想要的之间似乎存在着一条不断加深的鸿沟。今天的客户既要求理财顾问充当合作伙伴、教练和导师的角色，又要求他们充当战术家和战略家角色，这让许多理财顾问感到处境不妙，其中就不乏有一些顾问幻想着客户与理财顾问之间的动态关系能够回到原有基础，即战略制定与数字捣弄之上。但是，形势不可逆转，而且新潮流前进的步伐正在不断加快。海琳·斯坦和玛西娅·布列尔在《理财规划 互动》中指出：

全方位服务以及在客户服务中运用整体分析方法已迅速成为许多理财规划师的战略选择。近10年中，客户服务概念在客户的驱动下经历了深刻的变革。20年前，如果服务及时、质量能够得到保证、季度报告能够按期出炉，客户就会感到满意。但如今客户所期望的，已远远不止这些。

今天客户正在寻找既拥有社交技巧，又具备市场洞察力和战略思维能力的理财顾问。可以说，理财顾问和客户之间新合作关系的基础是，理财顾问要同时拥有情商和智商，包括洞察力与信息。今天的客户非常在意理财顾问是否通人情，易于相处。

如何区分情商和智商？或许换个问题会更容易回答，"你是否认识这样一种人,极端聪明却又非常愚蠢?"在生活中,会有很多机会让我们接触到这种人。那么,他们的哪些行为会给你留下这种印象?无礼、急躁、迟钝,还是自我压抑?通常,当问及这个问题时,人们认为这种人的典型特征就是缺乏常识和人际交往技巧。

应该注意的是,当被询问期待从理财顾问那里得到什么时,许多客户的回答直接涉及情商范畴。他们期待理财顾问能具有良好的沟通技巧和社交技能,认可并理解他们的处境,有足够的耐心教给他们知识,指导他们采取行动,并真心关怀和支持他们。我们可以将所有这些技能看作情商能力,因为在与客户打交道的过程中,理财顾问需要进行情感投资,从而最终赢取客户。讲授、指导、沟通和表达对客户的关注只是用来表述这种能力的载体。尽管没有明说,但客户的真正想法就是:"如果顾问能够证明他愿意更关心我,在我身上投入更多的精力,我将会投资更多资产。"正如斯坦和布列尔所说的:"客户忠诚度的基础不仅在于高质量的数字捣弄。如果客户获得的产品完美无缺,并且感到顾问真的非常在意他、关心他,他将继续忠诚于顾问和顾问所在的公司。而且,他的下一代人有可能继续使用该顾问。"

顾问的情商

丹尼尔·戈尔曼在其突破性书籍《情商》中提出,影响个人成功的基本因素已经改变。人们曾认为,智商是通向事业成功最重要的基本因素。但是,近年来的研究似乎推翻了这一定论。研究表明,高智商在成功决定性因素中只占5%~20%,而高情商却占80%或更多。这一研究结论一经在20世纪90年代中期发表,就在学术界引起轩然大波,因为当时的许多学术人士坚信智商是最可信赖的成功指标。许多人感到困惑，无法相信像情商这种"软"指标可以取代用数字来表示的统计指标，如124的智商。但是，当我们冷静下来，对智商进行分析就会认识到，智商主要是利用数字和语言来衡量人的智力敏捷度。而情商是衡量：

- 自我认知能力，指对自身的情感状态以及这些情感对行为所具有的影响的认知。
- 自我控制能力，指约束消极情绪对行为的影响的能力。
- 抗挫折能力，指从失败、失望和不公待遇中恢复并吸取教训的能力。
- 情感换位能力，指洞悉他人情绪和动机的能力。
- 社交能力，指沟通、化解冲突、建立良好社交关系和领导他人的能力。

在建议客户如何明智投资时，开发情商具有哪些实际含义？很简单，情商的5大基本能力和理财顾问的日常对话之间具有莫大的联系。

- 自我认知能力非常必要。通过自我认知，理财顾问可以认识到客户对顾问个性的感受，以及顾问的个性对客户心理的影响。你与客户之间的距离是拉近了还是疏远了？你能激发客户某种情感回应吗？
- 自我控制能力非常必要。当客户的行为让顾问感到不安或困窘时，顾问需要控制自我情感，防止大脑感性的一面过分影响大脑理性的一面。是否有些客户曾让你情绪失控或态度变坏？
- 抗挫折能力非常必要。抗挫折能力可以帮助理财顾问跨越层层事业阻碍，克服逆境、失望以及不可避免的失败。从失败中，你能够吸取教训，不断成长吗？
- 情感换位能力非常必要。情感换位就好似雷达，能够帮助理财顾问读取客户的动机、担忧以及感觉,这些情感最终会决定客户对服务的满意度。你能够读取客户的言外之意吗?能沉着冷静地作出反应吗?
- 社交能力非常必要。社交能力可以促进沟通,解决问题,结交各类人物,增强自我的说服力。你能够不加强迫地领导人们沿着正确方向前进吗?

从客户的角度考虑问题

上述所有情商能力对于理财顾问的成功都至关重要,但在此,我想特别强调情感换位能力。原因很简单,如果我们没有通过客户的眼睛看世界,那么他们将转向那些愿意和能够通过他们的眼睛看世界的人。或许,情感换位是建立客户信任最重要的基石。如果我们没有将业务与客户的挫折感和希望联系在一起,他们如何放心将系着沉重心理担子的资产交到我们手里?从广义上讲,这些资产代表着他们的身份、地位以及希望。"在操纵我的钱之前,请先弄清楚我是谁",这句话或许是客户在心里暗暗发出的最后通牒。

情感换位可以从三方面打造理财顾问与客户之间的关系。首先,客户希望理财顾问了解他们的过去、现在及将来。他们希望顾问能够真正了解那些对他们而言最重要的人物和目标,以及他们对这些重要人物和目标的担忧;他们希望理财顾问能够紧密联系他们肩负的使命,并与他们并肩作战,完成这些使命。其次,个性不同,客户希望理财顾问发挥的作用也不同。有些客户希望理财顾问顺从自己的意见,发挥支持作用;有些则希望理财顾问更具主见,能发挥领导作用。因此,理财顾问需要识别客户的性格,确切领会每一客户希望自己发挥什么作用,而这离不开情感换位能力。最后,客

第3章 新合作关系需要的必要技能

户希望理财顾问能够从客户自身的角度出发考虑问题,而不是从为公司出售产品的角度考虑金融产品和战略部署。

为了说明情感换位在实践中可以帮助理财顾问从客户的角度看待金融产品,我们制作了图表3.2。这一表格展示了理财顾问和客户在考察同一投资事宜时所存在的巨大分歧。上面部分从理财顾问的角度出发列出了人生规划;下面部分根据客户的实际生活,简单列出了金融产品和服务内容。

通过比较理财顾问和客户对金融产品和服务的不同观点,我们立刻就会发现客户的观点更为感性。为客户制定金融人生规划时,理财顾问必须牢牢把握住这一点,由金钱引发情感。金钱联系着大喜大悲、希望、梦想的实现与破灭,担忧与压力。某些不幸可以为我们带来金钱,比如离婚、遗产继承,而伴随着这二者的却是深深的自责和悲伤;又或是提前退休金,这似乎表明一个人硬被提前推出了工作大门之外,而没有按照自己预期或期待的那样继续工作。为了与客户建立合作关系,顾问需要从客户的角度看待客户的财产,这就需要情感换位。在开始处理遗产、教育、退休或税务等简单业务时,必须牢记的一点是,顾问所进行的每一步行动都深系着客户的情感。虽然顾问可能纯粹出于理性原因向客户提供建议,但是,客户之所以愿意听从这些建议却源自于感性。

图表3.2　　　　理财顾问观点对比客户观点

理财顾问观点

税务	遗产	投资	家人	企业
收入递延;	人寿保险;	资产管理;	教育储蓄;	企业投资;
分散所得;	遗嘱;	个人退休账户(IRA)、401(k)养老金计划;	储蓄账户;	企业承继规划;

图表 3.2（续） 理财顾问观点对比客户观点

理财顾问观点

税务	遗产	投资	家人	企业
税务减免；	信托；	个人登记退休储蓄计划（RRSP）；	抵押；	伤残；
课税省减	继承人；计划性赠与/慈善捐款	个人投资；不动产	贷款；循环负债	商业保险

客户观点

美国国税局（IRS）/税收	当我去世之后	长期财产	我的家人和生活	我的企业
退税；	保护我爱的人；	保护储蓄；	资助孩子；	实现创业梦想所需的资金；
参与401(k)、IRA、403(b)（以上三种是美国实行的退休计划)和RRSP（RRSP是加拿大实行的退休计划），支付较少的税款	将我的资产传给下一代，赠送礼物给我爱的人；	关注退休生活，维持自己的生活质量；	资助父母，家庭房产；	将我的资产传给下一代，保护我的家人；
	捐给慈善机构而不是国税局	大宗购物，财产不断增加	维持生活质量，渴望得到的生活	保护我的企业

有时，顾问希望讨论为孩子的未来教育投资，客户可能在考虑也许资助年迈的父母更为迫切；顾问希望谈论人寿保险，客户可能在考虑他个人的难处和担忧，比如为有残疾的孩子准备额外长期存

款;顾问或许不鼓励循环负债,但客户可能认为循环负债能让他们更有成功感;顾问希望谈论退休储蓄,客户可能正在考虑开始创业,或想彻底摆脱自大狂的老板。客户做些什么,自有他的原因。如果客户对金钱不投入感情,就不会对理财顾问提出的建议感兴趣,也没有动力去执行建议。懂得情感换位的理财顾问会先研究客户、询问客户,这样才能完全了解客户的动机。

杂务工

在2000年美国职业棒球联赛上,明尼苏达双城队的丹尼·霍金曾打过7个不同的位置,因此名声远扬。他的"多功能性"难能可贵,在世界范围内都堪称稀有产品。尤其是在专业性极高的体育界,像他这样的选手最受青睐。我们认为,今天的理财顾问也应该以"多功能性"作为自己的技能目标。为了成功与客户建立合作关系,理财顾问可以不再囿于如何与客户交往的传统规则,而是需要开发自己的多项功能,根据客户的不同需要扮演不同角色,如指导员、协导员、战略员、教练员。一家金融服务公司在自己的印刷广告上这样写道:

"需要秘密武器吗?"

"谁将是你的四分卫?"

"你正在寻找副驾驶员吗?"

这份广告描述的是一位愿意充当秘密武器、四分卫和副驾驶员的女性职业顾问,具体发挥哪种作用取决于怎样对客户最有利。可见,金融服务专业人员的作用与杂务工的作用相似。

客户期待理财顾问能够提供多样化的服务。只有了解如何为客户提供全方位服务的理财顾问才能从战略上帮助客户,引导他们走过漫漫人生旅程。

第4章

建立新的合作关系：业务转变神话

如今的金融服务行业更加注重采取综合方法进行产品和服务的交付，并且这一趋势发展势头迅猛。对于那些认识到这种趋势所具有的巨大价值的理财顾问来说，金融人生规划视角为发展更以客户为导向的业务实践提供了一个框架。无论顾问当前的薪酬结构是以佣金为基础，还是以收费为基础，或者两者综合使用，金融人生规划的根本原则将会为客户带来更多价值，并且有利于顾问的业务成长。

几年前，注册理财规划师罗斯·莱文转向更以客户为导向的业务方法。如今，他已成为人生规划领域公认的专家，说过的话经常被引用。在过去几年中，罗斯的公司，明尼阿波利斯信托投资公司已经涉足高端人生规划业务领域，并且只接受收费。

目前，该公司大约有230名客户。每年，客户支付的费用为1万美元，而公司管理的资产是这一数额的100倍，即100万美元或更多。高净值客户对于公司提供的高端人生规划业务（收费）非常感兴趣，并希望采取更综合的方法来规划他们的资产。公司的现金流量完全可以预测，因为除了收费以外别无其他收入。另外，只要

第4章 建立新的合作关系：业务转变神话

客户和理财顾问认为有必要，罗斯的公司可以提供任何等级的管理和服务。

与罗斯·莱文一起工作的有三位合伙人、若干理财规划助手和一位行政管理人员。用莱文的话说："综合人生规划比其他任何金融服务模式更为昂贵，但是，同时也更能建立和维系客户关系。"莱文表示，他的公司为客户提供的服务非常多，所以，"对客户来说，离开他是不可想象的。"莱文警告说，许多人曾经试图建立同样的业务模式，但没有成功，要想成功，需要依靠自身的能力、真诚的服务态度以及牢靠的客户关系，三者缺一不可。

本章将带领读者了解罗斯·莱文业务实践的以下几个方面：

- 与潜在客户的第一次会晤中的对话。
- 客户来自何处。
- 明尼阿波利斯信托投资公司实施财富管理指数，并记录每一位客户的财富增长得分。

完全不同的会晤

与明尼阿波利斯信托投资公司的理财顾问交谈不到一分钟，客户就会知道，这次会晤将与之前跟其他公司的理财顾问的交谈完全不同。明尼阿波利斯信托投资公司的理财顾问提出的第一个问题就非常与众不同。而且，只有彻底了解客户真正想要什么以及需要理财顾问提供哪些建议，会晤才会结束。

莱文强调说，询问的问题是否准确恰当至关重要。只有问对问题，才能让客户认识到顾问的确想帮助他们实现人生目标，才能让顾问的服务与众不同。另外，他还说，问题的答案好似一个信号，通过它，顾问可以确信潜在客户是否转变成了真正客户。

以下是明尼阿波利斯信托投资公司询问客户的5个问题以及

询问的原因(第5个问题在下一小节中讲述)。

问题1：你为什么来到这里？

询问原因：查明真正的驱动要素。

莱文认为，除了简单积累财富外，一定有某种真正的内在原因促使人们寻求金融专业人士的帮助。财富代表着我们以及身边亲人对生活更深层次的渴望、希望和梦想。因此，在会晤客户时，莱文使用比尔·巴卡拉克在《价值基础销售》一书中提倡的"价值观阶梯"方法。在这种对话模式中，如果客户说她想要更多的钱，理财顾问将会继续询问她为什么需要更多的钱；如果客户说她想要更多的自由，理财顾问会继续询问她为什么如此重视自由。得到客户的回答后继续这一提问过程，直到帮助客户将问题一点点过滤到那个最原始的答案。这个问题的目的是从客户的金融需要过渡到此需要背后的原因。

莱文说，当询问客户为什么想要更多钱时，客户可能会说，这样可以有更多的时间与家人在一起。于是，莱文就让客户谈论一下他的家人。如果客户谈起孩子、伴侣、父母，莱文就会接着问："你想要哪种父母(伴侣、孩子)？"正如读者所看到的，莱文并不担忧客户反感他直奔情感深处，寻找促使客户寻求金融帮助的真正原因。莱文告诉我们，潜在客户非常喜欢能够有这种机会，与顾问一起探讨对客户来说意义重大的事情。

问题2：你的生活中正在发生什么？这些事情让你感觉怎样？

询问原因：了解客户期望的生活质量。

这个问题的目的在于，发现到底是哪些事件引发客户财务的不确定性。例如，刚刚离婚的妇女，面对着众多的不确定性因素，尤其在财务方面。根据她们的回答，理财顾问可以制定一份理财规划，帮助她们实现目标，减轻她们的恐惧，消除她们不得不独自面对烦心琐事所带来的压力。

人们喜欢谈论情感问题、工作问题、健康问题、大家庭问题，以及其他任何会干扰他们生活质量,或那些让他们觉得有可能影响理财生活满意度的问题。并不是问题本身,而是问题引发的情感将客户带到理财顾问面前。这种情感超越了客户的其他心理感受,时刻困扰着他。恐惧、不安或其他任何挥之不去的情感能轻易破坏客户对生活的享受,直到这时,客户才发现有必要解决这些让他们不得安心的琐事,而在这些琐事中,有许多与财务有关。莱文认为,清楚明了地展开这些生活事件以及相关的情感,可以帮助客户了解他们寻求金融帮助的动机。

问题3:在你成长的过程中,你得到过哪些有关金钱的信息?

询问原因:促使客户注意过去的金钱信息与当前的财务行为之间的联系。

"每个人都有过去,"莱文分析说,"所以,这个简单的问题可以帮助人们讨论他们的家庭背景如何塑造了他们的金钱观。令人惊讶的是,人们经常认为,他们对金钱的感觉大多来自餐桌。"

一些人学习到用钱应该谨慎,就好像明天就会变成穷光蛋;而另一些人正好相反,他们学习到的金钱观是尽情消费,就好像自家后院有数不尽的摇钱树,取之不尽,用之不完。一些人学习到,任何有关钱的事都是隐私,不应该公开讨论;而另一些人则不愿参与有关钱的谈话,因为 谈到钱,他们就感到压力重重。一些人学习到,要挣钱,就得冒险;而另一些人则学习到,在挣钱时决不让自己冒一点风险。毫无疑问,人们的金钱观是从小在家庭中学会的。通过这一问题,许多人开始了解为什么他们会有这种或那种思维方式和行为方式。

问题4:如果你被诊断出患有绝症并且不知道还会活多久,你打算怎么安排余下的生活?

询问原因:将客户的生活过滤到最根本的渴望和动机。

这个问题一针见血,可谓是正中客户生活满意度的中心,并且促使客户分析,他们在生活中是否真正获得了金钱的价值。如果客户在职场上面临巨大压力，累得筋疲力尽，生活混乱无序，不满意自己的人生方向，又或是暂时不想再考虑重要的人生目标，那么，这个问题将让他们的这些情感浮出水面。罗斯·莱文告诉我们，这个问题非常关键，"如果客户回答了这个问题，那么有99%的机会可以让他们从内心依赖我们，成为我们真正的客户。"

通过询问这个尖锐、具有挑战性的问题，莱文向潜在客户传达了一种信息，即他真的在很认真地对待客户的问题，真诚地希望帮助客户沿着正确的轨迹生活。事实是，虽然这些潜在客户很有钱（明尼阿波利斯信托投资公司的所有客户，其可投资资产必须达到100万美元），但是这并不能确保他们的生活以及运用金钱的轨迹完美无缺。通过询问这些问题，莱文及其同事能够了解到潜在客户的基本信息，引导他们实现重大的人生转变。

刚刚出售了一家企业的客户表示，希望进入风险投资领域，于是罗斯帮他介绍了一些擅长风险投资的非营利组织的会员。通过接触，这名客户逐渐熟识这些会员，因此能够逐渐渗入风险投资业务领域。另一名客户在自己的领域非常成功，虽然富有，却常常不快乐。他表示自己非常想写一本小说，于是莱文帮他安排金融事务，这样他就有机会实现自己的梦想。另外一位女客户是名医生，她的丈夫也是名医生。这位女医生为自己不能在孩子小时与他们多一些时间相处而感到内疚。在莱文的帮助下，她决定今后少挣一些钱，多抽出时间来陪陪孩子，满足自己期待与孩子多相处的需要。

通过询问这类问题，理财顾问可以而且应该让客户尽可能地打开心灵之门，倾诉他们的希望、抱负和梦想。当客户绘声绘色讲述他们的梦想时，理财顾问就好似客户的私人CFO（首席财务官），凭借所掌握的金融知识，最终帮助客户实现他们的梦想。

你想从我这里得到什么？

谈话进行到这里，莱文和他的同事们已经了解到潜在客户的人生轨迹和金钱观念，下面就是询问潜在客户对理财顾问的期待，以及潜在客户与其他理财顾问间的关系。通过前述第 4 个问题，理财顾问有机会了解到潜在客户与其展开合作的意愿；最后的第 5 个问题则让潜在客户可以简述之前与其他理财顾问的合作经历。

问题 5：如果我们妥善地解决了你的问题，你觉得 1 年之后会怎样？

询问原因：建立客户对合作关系的期待。

罗斯·莱文认为，根据客户与金钱的关系，可以将大部分客户分成四种类型。第 5 个问题可以帮助理财顾问了解客户属于以下哪种类型：

- 关系型客户。
- 忧虑型客户。
- 求知型客户。
- 贪婪型客户。

关系型客户

这类客户希望与他们信赖的人建立长期合作关系。和他们交谈不费力气，而且他们往往易于相处。重要的是，应该多花些时间倾听他们诉说。他们希望在交谈中处于一种轻松状态。通常，他们都会成为顾问的长期客户，而且相互间的合作也会非常愉快。他们会听从顾问的建议，但是他们非常希望自己能参与整个过程。与关系型客户会晤后,应该给他们写一封信,总结一下会晤内容。这么做,可以进一步促进双方的关系,并有利于业务的发展。

忧虑型客户

这类客户是典型的财务新手。他们可能最近刚刚捐赠了一笔遗产,或是离婚了,却没有得到任何财产。他们也可能是事务繁忙的专业人士,掌控钱以外的所有领域。他们将非常依赖理财顾问,需要顾问的教育,即使他们并没有开口询问。理财顾问应该试着与他们一起工作,而不仅仅是为他们工作。顾问必须帮助他们建立起信心,增强他们管理财务的能力。

求知型客户

由于这类客户很忙,所以他们通常愿意和理财顾问一直合作。他们对顾问的工作表现出极大的兴趣,有时甚至暗示,如果退休后离开现在的工作岗位,他们愿意从事顾问这一行业。他们会自我教育,并且已经把一些想法付诸实践。顾问必须和这些客户交谈,详细讨论他们的金钱观,因为其中不乏错误的观念。如果顾问能够从客户的角度出发,为自己的建议提供充足的证据,他们将能与这些客户建立非常好的长期合作关系。随着客户对顾问的了解逐渐深入,他们会更接近于关系型客户。千万不要忘记,这些客户需要更多的知识,并且希望感觉一切尽在自己的控制之中。如果顾问已经与求知型客户一起作出了某些财务决定,顾问应继续寻找一些资料和第三方的认可来支持这些决定。

贪婪型客户

一般而言，这类客户设立的目标模糊不清、变化不定，却希望能够短期见效。他们可能精力过人、思维敏捷，常常把顾问高高举起，而后狠狠丢下。原因在于，贪婪型客户关注的只是短期投资能否获利。

莱文说，他尽量不与这类客户合作，因为这种客户总会在最后惹出些麻烦，提出这样或那样的不合理、不会升值的金融投资要求。最终，这类客户会离开。莱文举了个例子。一次，一位客户对他们公司极为不满，原因是有一年，国际基金业绩好于美国股票，莱文的公司没有让他全部投资于国际基金。莱文说："根据罗杰·吉布森的说法，贪婪型客户相信股票市场择时投资和股票挑选。"

运用财富管理指数管理客户

明尼阿波利斯信托投资公司的首要目标之一，是帮助客户重新定义财富管理的含义。当今世界上，许多客户的财富管理眼界非常狭隘，总是想着短期的绩效数据。如果理财顾问将自己定位为短期资金管理者，就无异于自掘坟墓，因为客户会将顾问与一些指数或其他短期资金管理者相比较。莱文及其同事会预先给客户打上预防针，告诉他们，实际上，在行情上涨的牛市中，分配合理的投资组合注定会尾随大部分的美国指数。教育客户的主要目的就是帮助客户了解实情，让客户认识到，与客户的目标紧密相连、可根据风险进行调节的投资计划比纯粹的总收益具有更大意义。

引进财富管理指数有利于教育客户。财富管理指数是量化客户每年向既定目标前进程度的工具。这一指数共有5大类，每大类下分几个子类。以下是在获得和维持财富的过程中,给这5大类所分别赋予的权重。

财富管理指数

1. 资产保护(保存):25%
2. 伤残保障和收入保障(保护):20%
3. 债务管理(杠杆作用):10%
4. 投资和现金流规划(积累):25%
5. 遗产规划(分配):20%

莱文和客户一同设立衡量财务成功尺度的目标,衡量的标准是财富管理指数,而不是一般的指数。莱文向客户表明,财务成功与否既取决于客户自身能否履行计划,又取决于明尼阿波利斯信托投资公司能否完全发挥自己的作用,这两者同样重要。

客户可能会更重视某个财务领域,但这并不意味着没有必要留心其他财务领域。与客户一起工作时,莱文的大部分工作内容是去关注客户感觉最弱的领域。每年,客户既定目标的实现情况都会根据双方事先达成一致的财富管理指数加以评估。财富管理指数取代了其他流行的评估指标,是莱文人生规划策略的关键。使用自己不可控的因素衡量财务成功与否无疑是徒劳,最终会导致客户和理财顾问双方的不满,让人对评估的结果感到失望。只有让客户亲自设定自己的生活目标,并运用财富管理指数衡量客户在迈向目标的过程中所取得的进展,才能避免上述缺陷。

图表4.1详细描述了财富管理指数5大类中的每一子类以及这些子类在各大类中的权重分配。应该经常回顾这些分类,并逐一评估每一项的进展。

第4章 建立新的合作关系：业务转变神话

图表4.1 财富管理指数（每大类中）每一子类的概况及其权重分配

---

1. **资产保护（保存）：25%**

    34% 你的企业利益是否得到充分保护？

    33% 你的寿险保额是否适当？是否与你的保险理念一致？

    33% 你是否已经采取措施，保护自己免受长期护理、财产损失或债务引起的财务灾难？

2. **伤残保障和收入保障（保护）：20%**

    40% 你是否有与你的资产和收入相匹配的伤残保障？如果你无法工作，是否会领取到伤残保障金？

    20% 你之前的收入是否有各种来源？如工资收入、赠与、社会保障、养老金。你希望今年的收入会怎样？

    20% 你是否按照计划消费？

    20% 你是否采取一切合理手段减少纳税？

3. **债务管理（杠杆作用）：10%**

    40% 你的流动比率是否大于2:1？总负债与总资产的比率是否合理？

    30% 你能否以尽可能低的利率，借到满足你需要的贷款？

    20% 你的债务管理是否如意？

    10% 你的贷款是否具有税务效益？

4. **投资和现金流规划（积累）：25%**

    40% 每年，你的目标是在不断增大还是收缩？

    40% 你的资产分配合理吗？

    10% 你如何根据所设定的回报率预算制定决策？回报率预算为居民消费价格指数加一定百分比。

    5%   投资组合收入是否具有税务效益？

    5%   你是否为今后3年的预期购物准备了足够的现金？

5. **遗产规划（分配）：20%**

    40% 你的遗嘱是否符合你的财富转让心愿？

    25% 你的资产所有权转让是否正确？受益人指定是否适宜？

    15% 你是否需要并拥有

    - 律师？

图表 4.1（续）   财富管理指数（每大类中）每一子类的概况及其权重分配

- 健康护理声明？
- 生前遗嘱？

15%   你是否已经设立并投资了所有必要的信托？

5%   你是否已准备好今年的赠与？

财富管理指数的组成要素及其权重

财富管理指数 21 个子分类及其相应权重如下：

1. 你的资产分配合理吗？（10%）

2. 每年，你的目标是在不断增大还是收缩？（10%）

3. 你的企业利益是否得到充分保护？（8.5%）

4. 你的寿险保额是否适当？是否与你的保险理念一致？（8.25%）

5. 你是否已经采取措施，保护自己免受长期护理、财产损失或债务引起的财务灾难？（8.25%）

6. 你的遗嘱是否符合你的财富转让心愿？（8%）

7. 你是否有与你的资产和收入相匹配的伤残保障？如果你无法工作，是否会领取到伤残保障金？（8%）

8. 你的资产所有权转让是否正确？受益人指定是否适宜？（5%）

9. 你之前的收入是否有各种来源？如工资收入、赠与、社会保障、养老金。你希望今年的收入会怎样？（4%）

10. 你是否采取一切合理手段减少纳税？（4%）

11. 你是否按照计划消费？（4%）

12. 你的流动比率是否大于 2∶1？总负债与总资产的比率是否

第4章 建立新的合作关系：业务转变神话

合理？（4%）

13. 你是否已经设立并投资了所有必要的信托？（3%）

14. 你是否需要并拥有律师、健康护理声明、生前遗嘱？（3%）

15. 你能否以尽可能低的利率，借到满足你需要的贷款？（3%）

16. 你如何根据所设定的回报率预算制定决策？（2.5%）回报率预算为居民消费价格指数加一定百分比。

17. 你的债务管理是否如意？（2%）

18. 你是否为今后3年的预期购物准备了足够的现金？（1.25%）

19. 投资组合收入是否具有税务效益？（1.25%）

20. 你的贷款是否具有税务效益？（1%）

21. 你是否已准备好今年的赠与？（1%）

每年都要计算出客户的得分，每一大类为百分制。每一类得分乘以相应权数，得出每一指数的分数。将所有指数分数相加，最终得出客户总的财富管理指数得分。财富管理指数得分可以解释为：

- 100~85分，理财规划能够实现您的目标。
- 85~65分，理财规划应更加注重您的需要。
- 65分以下，有必要重新制定理财规划。

莱文认为，"当理财顾问和客户一起计算财富管理指数时，顾问可以获得一套全新的有力证据，能够重新评估客户的财务状况。之所以让客户参与财富管理指数的计算过程是因为，这可以让指数回归到情感层面上来，帮助客户看清楚他/她的财务状况到底如何。"

围绕财富管理指数与客户展开人生规划对话和财富积累对话还具有以下几大优势：

- 顾问可以将自己明确定位成客户的拥护者。
- 顾问已经真正了解客户的财务处境，与客户共同负责理财规划的有效性。

- 客户和顾问一同参与理财规划的制定。
- 顾问和客户相互依赖,有利于建立互助互利的长期合作关系。

在《财富管理指数:评估与管理客户计划和目标的理财顾问系统》一书中,罗斯·莱文为理财顾问们拨开了财富管理指数的层层迷雾。他举例说明了应用财富管理指数的整个过程,并逐步详解财富管理指数的每一组成部分,同时围绕每一分类指数提供了战略决策。如果顾问希望将业务实践转向人生规划以及更全面的理财模式,在这里,我们全力推荐莱文的这本书和财富管理指数体系。

1987年的市场崩溃之后,莱文逐渐转向金融人生规划业务。他不断思索着如何更好地服务客户,同时还能让自己靠此谋生。他历时数年,实现了从佣金到收费的革命性转变,最终,他采取了当前的模式:向每一客户每年收取固定的费用。

他可谓是白手起家,起初根本没有资金去登广告、做营销,如今却是蒸蒸日上。他所有的客户都是慕名而来。他们听说,莱文更注重的是整体,采用人生规划的方法管理客户的财富。他的客户身份不定,即包括寻求股票期权方案的管理人员,又包括离婚女士、寡妇以及双职工夫妇。

莱文用富有哲学色彩的语言总结了从交易导向转向人生规划的优势,"一直以来,我都试图将自己的生活和业务实践与'丰裕定律'相联系。这意味着,如果我能够为客户带来真正的价值,并且坦诚告诉他们,我能带来哪些价值,不能带来哪些价值,那么财富就会滚滚而来。"

有人管这一定律叫做"因果律",即种瓜得瓜、种豆得豆。种下人生满足感这粒种子,获得的是客户和理财顾问双方面的大丰收。

第 5 章

关于客户人生的问题

理财规划协会（FPA）前会长、注册理财规划师埃莉萨·布伊专攻一项她称之为"人生灵魂"的理财规划。当被询问如何开始这项研究时，她回答说：

"我曾雇用过一位业务顾问，他不断追问我，让我评估出谁是我的最佳客户。我这才认识到，我对这个问题毫无概念，因为我的客户来自于各行各业，他们的收入水平、职业和兴趣爱好都不尽相同。我的思路是，我最佳的客户就是我最了解的客户。于是，我转念一想，认识到我必须竭尽全力，从而确保能够了解我所有的客户。我开始关注所有客户的人生经历，并且开始拓展目标设定能力。"

——《理财规划期刊》

布伊的发现表明，全面了解客户的人生经历，对于理解客户和为客户设定适当的理财目标来讲至关重要。理财规划过程可谓绚丽多彩，但只有设定恰当的目标，其过程才能避免成为空架子。而找到恰当目标的关键在于询问正确的问题，本章即将带领读者去寻找这些恰当的问题。

首先，我们将向读者介绍有利于业务实践的小诀窍：开门见山，直捣问题龙穴。

- 问题提得好不好对于业务成功有多重要？
- 你向客户询问的问题会让客户对你留下什么样的印象？
- 询问更好的问题能够帮助你,提高你的工作效率吗？
- 你询问的问题能够增加客户对你的信任和信心吗？
- 你询问的问题能够帮助你了解客户的人生目标、人生优先次序以及资产的分配吗？你是否已了解你的客户是谁以及他们拥有什么？
- 你是否为每一客户定制询问的问题？
- 你是否在"抓住"客户后,仍然询问重要问题？
- 你询问的问题能否让你清晰地了解客户的价值观？
- 你是否已表明对客户的生活感到好奇,有兴趣关注他们的生活,还是只关注他们的理财状况？

以上大部分问题都好似苏格拉底问答法,其实不过是针对理财顾问的问题提出询问。我们认为,没有什么能比我们自己提出的问题更能让他人了解我们是谁。对他人生活的询问,比如询问的方式和询问时透露出的情感,都能够显示出我们本人的本性和性格。我们发现,大多数人都过于以自我为中心,缺乏对他人生活的兴趣和了解,因而询问出来的问题往往毫无意义。

有一位小伙子可谓是"自恋症"的最佳代言人,他说:"太多的'我、我、我'了,你能不能多谈论我一会儿。"在生活中多留意这种对话方式,你就会发现我的想法有多么正确。仅仅靠询问问题就能让人与众不同,这听起来有多么神奇！但是,回想一下上次你与某人高谈阔论时,他是否急于更了解你？这发生在什么时候？实际上,这种对话少之又少,甚至你根本想不起来是否有过这样的经历。如果有人曾这样与你说话,你一定会记得他以及与他的谈话,而且回忆时,你甚至还会感到丝丝甜蜜在心头。本章旨在帮助顾问成为这种人,让顾问深深地留在客户的记忆库中,帮助顾问更优秀地完成工作,并帮助客户获得他们渴望的生活质量。为了实现这一目标,金融人生规划师应该关注于能够帮助他们更好地了解客户的方法。

了解客户是基础,只有建立在这一基础之上,才能获得成功的客户关系。然而,事实却总让人感到悲哀。许多金融专业人员的询问技能都不达标,所以无法了解客户真正在意的事情。《理财规划期刊》网站曾聚焦最佳实务方法。当回答"你认为规划师应该如何改进服务"时,注册理财规划师凯瑟琳·科顿说:"在与客户会面时关注客户,而不是发表自己的真知灼见。不要在会面时不断向客户解释,期望自己能给客户留下印象,顾问只需要关注客户所处的处境,多从客户的角度出发并着手工作。客户想要知道的是,顾问是否真正听取并了解客户所说的话,仔细聆听客户的讲话,然后采取行动。"

有一些比较好的模式可以帮助理财顾问获取客户的相关信息,但不幸的是,大部分模式都无法拟出客户的人生目标、人生转变、关注事宜以及希望。这些模式主要关注客户拥有什么,而极少在意客户是谁。如果顾问对客户的雄心壮志毫不知情,或对客户的生活"戏剧"一知半解,又怎么可能为客户的生活处境找到一个解决方案呢?克里斯·阿恩森在《价值基础规划:将客户看成一个整体》一文中评论说,客户会直接或间接地给顾问线索,让顾问了解对于客户而言最重要的事。她继续说:"当顾问了解了客户是谁、他们关心什么以及为什么关心这些事情,顾问就能为客户提供最好的服务,为他们设计计划,帮助他们实现自己的人生梦想。如果顾问能真正为客户着想,客户就会希望能迅速将顾问的想法付诸实践,其速度甚至比购买共同基金或人寿保险还要快,这对顾问的工作来讲极有意义。客户之所以希望能快速实现顾问的想法,是因为顾问能够从客户的人生出发为他们设计计划。客户会将自己人生中的大事告诉顾问,而顾问需要做的就是倾听。"

　　大部分理财顾问提出的绝大多数问题只关注客户的资产规模和资产分配情况,很少关注客户的生活(而客户的生活正是这一系列询问过程的目的)。毫不奇怪,这类理财顾问询问的问题并没能让客户留下多少印象。另外,如果不能询问恰当的人生问题,理财顾问就会错失很多机会,从而无法推销自己的产品和服务。这里有个很好的例子。

　　一坐下来,保险代理人就开始告诉我们,我们购买人寿保险/投资保险的最大动机应该是为孩子的大学教育做准备。我们认为,这个小伙子未免太过放肆。他口无遮拦地告诉我们动机应该是什么,而不是询问我们打算如何资助孩子的大学教育。在没有从父母那里获得多少帮助的情况下,我和妻子依旧完成了学校教育。我们已经讨论过孩子大学教育这个问题,并且认为,我们自身的经历会加固我们的工作道德,并塑造我们的性格;我们两个都亲眼见到许多同班同学不费吹灰之力就从父母那里得到钱,但却虚掷光阴,浪费了很多学习机会。我们已经决定让我们的孩子(1)自己挣钱上学;(2)根据他们挣钱的多少,按比例资助他们;(3)如果仍有不足,就申请学生贷款。若不是这位小伙子对这些不闻不问,我们真的很愿意向他解释我们的观点。

　　他不可能得到我们这笔业务。

　　下一位走访我们的保险代理人打一开始就询问我们的生活故事,这是他做得最好的一步。通过询问,他发现,我妻子在21岁时嫁给了她的第一任丈夫,不幸的是,新婚刚刚6个月,癌症就夺走了她前夫的生命。他在去世之前,忘记将人寿保险受益人从父母变更为妻子,结果让人意想不到的是,他的父母在他死后将所有的保险赔偿据为己有,而他刚刚丧夫的妻子却被夺走了所有财产,一无所有。

　　因此,我妻子极度害怕我早她一步去世,因为这有可能引发又

第 5 章　关于客户人生的问题

一起纠纷,让她再次无依无靠。出于这种心理,她认为人寿保险即使再多也不过分。

因为这位保险代理人不怕麻烦,愿意多花功夫了解客户,所以最终他得到了这笔业务。

——选自《说故事销售金融产品》,作者斯科特·韦斯特和米奇·安东尼

上述例子表明,与只关注销售产品相比,试探性地询问客户的人生经历将能获得更多机会,因为以客户的人生为中心进行询问,不仅能体现出顾问经验老道,而且能让客户感觉到顾问提供的服务具有人情味。如果顾问提供的服务或产品能直接联系到客户的生活经历或未来的生活道路,客户将毫无疑问会接受该项产品或服务。上述故事中,第一个代理人自以为了解客户需要什么,并先入为主地直奔产品销售,而他提供的产品却根本不切合客户的生活实际。

询问目的

分析一下应向客户提出什么问题大有益处,并且可以让客户确定理财顾问的询问过程是对顾问自己有利,还是对客户有利。顾问可以向客户询问 4 类问题,每一类问题的询问目的均不同。这 4 类问题分别是:

1. 数据问题。设计这类问题的目的在于让顾问找到信息(如财务问卷上的大部分问题、资产汇总表和投资方向等)。

2. 直觉问题。这类问题能够让顾问发现客户的言外之意(如,"如果让你教育自己的子孙学习理财知识,你打算教什么?")。这类问题能够帮助顾问听到客户的心声,而不仅仅是他们的口中之言。

3. 苏格拉底式问题。设计这类问题的目的在于激发客户进行必要的思考(如,"如果你有了钱,你打算作出哪些改变?")。

4. 传记问题。设计这类问题的目的在于逐渐了解客户的生活史,并加强理财顾问与客户之间的关系(如,"请告诉我你的终身职业",或"讲讲您的父亲吧,他是做什么工作的?")。

信任是维持长久关系不可替代的基石。如果顾问把建立信任作为目标,那么所有的询问过程(最重要的是发现过程,即发现客户生活、了解客户生活的过程)应该持续不断地向这一目标努力。通过顾问询问的问题,客户能够了解到关于顾问的最有价值的信息。

金融服务行业中的许多顾问往往以数据为导向,而不是以客户的人生为导向。他们的主要目的在于了解客户当前的财务状况,而没有充分探索客户的人生经历及客户的个性。克里斯·阿恩森将许多顾问比喻成昔日热门电视剧《法网》的男主人公乔·弗莱德警官,她认为这些顾问的询问策略与弗莱德的看法非常相似。(注:乔·弗莱德是美国电视剧《法网》中一位实事求是的警探,他曾说过:"事实就是事实,没有其他什么东西。")但是,克里斯警告大家要提防这种询问策略,因为生活远远比"事实就是事实"更复杂。"作为理财规划师,如果我们只是继续关注规划过程的技术部分,那么在新世纪,我们就可能遭遇被踢出局的风险。"

规划不能只围绕着客户的物质资产。不过,甚至一些比较好的客户发现模式在这方面都有缺陷。对照图表5.1,审阅你在客户发现过程中所使用的问卷以及询问的问题,并写出你每一类的得分。你向客户询问的问题,无论是口头问题还是书面问题是否都符合标准?请写出你在每一类问题上的得分。

第5章 关于客户人生的问题

图表5.1	调查你的问题

1)收集信息的数据问题。

你的得分

2)反映价值观、信仰、个性和人生优先次序的直觉问题。

你的得分

3)促使客户考虑目标、希望和生活方向的苏格拉底式问题。

你的得分

4)帮助了解客户的生活史和生活轨迹的传记问题。

你的得分

理财顾问需要了解的信息

用来构建金融人生规划的信息与大部分理财规划数据表格上的标准问题有些出入。例如,从金融人生规划的角度分析CFP(注册理财规划师)理财规划过程的头二大要素,详见图表5.2。

图表5.2　　　　金融人生规划方法

步骤	方法	需要的信息
步骤1	确定客户的个人生活目标和财务目标	• 发现客户在多大程度上已经为未来设立了人生计划。 • 理清客户在生活中所有领域的短期和长期人生优先次序。 • 从客户人生计划的角度重新定义

图表5.2(续)　　　　　　金融人生规划方法

步骤	方法	需要的信息
		一些重要术语,如退休和财务独立。 • 客户必须了解核心价值和核心需要是创建目标的第一步。 • 确认所有将受客户人生规划和理财规划影响的人。
步骤2	阐明客户目前的财务状况。	• 确认客户目前的现实生活和他们憧憬的生活之间的差别。 • 讨论客户与金钱有关的见解和信仰。 • 询问客户目前生活处境的来由。
步骤3	确认导致财务独立无法实现的理财问题。	• 客户生活中有哪些重大事件会影响理财规划? • 客户的生活将要发生哪些转变? • 客户对钱的看法以及用钱习惯与他们对待生活的看法有何关联?是否有冲突? • 客户对退休后的工作和收入是否有打算?

很明显,如果理财顾问想让自己的产品和服务更好地与客户的生活相联系,他们就需要改善客户发现过程,以全面地了解客户的生活和目标。顾问不能把金钱单列出来,只讨论金钱,而不考虑这些金钱从何而来,如何而来,或不考虑客户打算怎么分配这些钱以及分配给谁。在今天的竞争环境中,咨询行业必须从客户的角度展开分析,并采取相应的措施。

图表5.3展示了金融人生规划中的一种独特的客户发现过程。

第 5 章 关于客户人生的问题

与过去大部分方法相比，这一方法更为关注以客户为中心。图表5.3表明，如果理财顾问的目标不能与客户的目标相联系，冲突就无法避免。

图表5.3 以理财顾问为中心 VS. 以客户为中心

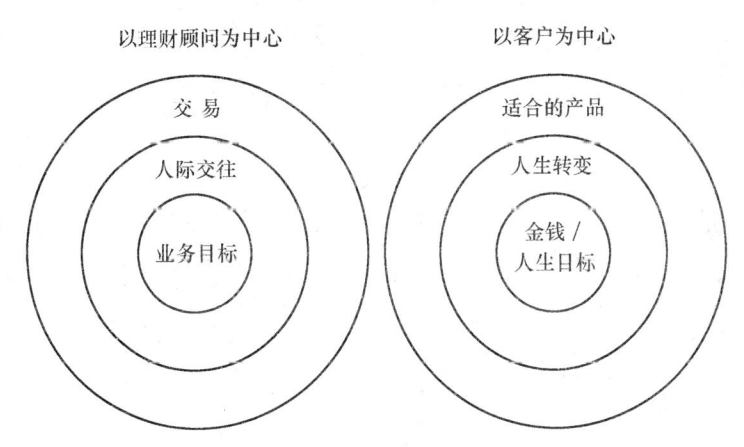

以理财顾问为中心：交易 / 人际交往 / 业务目标

以客户为中心：适合的产品 / 人生转变 / 金钱 / 人生目标

在"以理财顾问为中心"的模式中，推动因素是理财顾问本人的业务目标和产品目标。然后，理财顾问就去寻找能够实现这些目标的人际关系网。每次与人交往的过程中，理财顾问都在努力争取最大化交易机会，同时希望这么做也能有利于增加客户的净值。但是在21世纪的今天，这种方法会让买卖双方都感到失望。这似乎不是一种能够有效吸引和留住终身客户的方法，特别是在市场处境困难和市场低迷时期。

在"以客户为中心"的模式中，理财顾问只需要努力探寻客户的生活，让与客户生活有关的事件、客户担忧的事件以及对客户而言重要的事件浮出水面，而后提供必要的金融交易和金融服务来解决这些事件。这一过程的核心在于将客户的理财目标与客户的价值观以及人生优先次序联系起来。如果客户还没有完全理清目标，胜算就很大。首先，理财顾问可以帮助客户理清目标。其次，当客户知道（或许感觉不确定）他们在生活中正面临或未来即将面临许多人生转变时,理财顾问可以帮助客户聚焦这些人生转变,并向客户解释每一人生转变的含义。最后,在"以客户为中心"的模式中,客户希望将其金融交易及业务与其人生目标及人生转变直接联系在一起。金融交易必须直接定位于客户的人生目标和人生转变,否则,客户将怀疑理财顾问进行业务交易的必要性和有效性。

客户的过去、现在和将来

在可询问的4种问题类型,即数据问题、直觉问题、苏格拉底式问题和传记问题中,一直以来金融服务行业在数据问题方面表现最为优秀。一般而言,理财顾问会快速了解客户过去以及现在的财务状况,然后尽力设计出能够帮助客户构建未来的计划。如果顾问狭隘地认为发现过程只是简单的数据收集,客户可能会觉得顾问只知道数据,而不了解客户本人。

图表5.4列出了各种直觉问题、苏格拉底式问题以及传记问题,可以帮助顾问了解客户的过去、现在和将来。采访了几十名理财顾问并向他们询问,哪些问题最能帮助他们更好地了解客户生活,并与之建立更可靠的客户关系后,我们了解到,不需要对现有的询问过程增添更多的数据问题。图表5.4针对客户的现在、过去及将来列出了应该询问的问题以及询问的原因。

图表5.4　　用于了解客户的过去、现在和将来的问题

回顾客户的过去

- 你来自哪里?
  询问原因:了解客户的祖先和价值观;寻找机会,尽量联系客户和理财顾问都知道的人或地方;加深对客户的了解。

- 在过去你曾做过的最好理财决定有哪些?

第5章 关于客户人生的问题

图表 5.4（续） 用于了解客户的过去、现在和将来的问题

　　询问原因：可以反映出客户的金融知识、风险承受能力和经验；或许还可以反映客户在过去的错误和缺点。

- 你的财富是如何积累而来的？

　　询问原因：反映客户的财务约束，或是否缺乏财务约束；显示客户是否需要结构化储蓄计划（客户的资产积累是通过周密计划，还是偶然得来？）。

- 在成长过程中，关于金钱你学到了什么？

　　询问原因：反映客户的金钱观、理财教育水平以及客户与金钱的关系是冲突型还是和谐型。

- 请讲一讲你的终身职业。

　　询问原因：反映客户的目标、方向以及生命历程；或许还可以反映工作满意度以及事业野心。

- 在过去，你是否知道有人退休时功成名就，他们获得成功的原因是什么？

　　询问原因：反映客户对退休的展望（或者客户是否缺乏这方面的展望；他们是否真正认识到，退休后靠什么维持生活满意度？）

了解客户的现在

- 讲讲你的家人好吗？

　　询问原因：反映客户家人的需要，他们将受理财规划的影响。

- 你做的理财决定还会影响到谁？

　　询问原因：反映客户对家人、亲属以及其他人所承担的财务责任。

- 今天，金钱带给你最重要的东西是什么？

　　询问原因：反映客户的价值观和人生优先次序；帮助客户识别金钱在他们生活中扮演的角色。

- 生活中哪些因素或环境会影响到你的理财规划？

　　询问原因：反映客户的担忧和恐惧，这些担忧和恐惧有可能阻碍理财规划的实施；反映客户是否需要保险和财务保障产品。

- 目前，你和你的家人正在经历哪些人生转变？（详见第6章的"人生转变调查"）

　　询问原因：反映客户目前的处境，或许需要从理财规划、交易处理或教育层面上解决这一处境。

图表5.4（续）　　用于了解客户的过去、现在和将来的问题

- 如果你"有了钱"，你会作出哪些改变（如果金钱是限制这些改变实现的原因）？

  询问原因：反映客户对现有生活/工作的满意度；反映客户最渴望实现的目标；反映客户对金钱的期望，无论是现实期望，还是不现实的期望。

- 是否因为违背了你的原则，有些投资你不打算做？

  询问原因：反映客户在个人投资决策上是否具有社会责任感和价值取向。

- 你的理财决定的主要信息来源是什么？

  询问原因：反映客户理财教育的背景和水平，以及这种理财教育是否适应当前的社会发展；反映客户的理财决定在多大程度上依靠其他人，比如配偶、父母或其他金融专业人士，如会计师。

发现客户对未来的计划

- 退休后，你计划如何改变自己的生活方式？

  询问原因：反映将会影响客户整个财务状况的人生转变；显示客户渴望的生活方式。

- 对于今天的工作，退休后你将最怀念什么？

  询问原因：反映工作生活中的哪些部分客户想要在退休后继续从事；展开讨论，让客户发表个人对人生中"退休"阶段的定义。

- 你对退休的最大恐惧是什么？

  询问原因：显示客户在经济上、社交上以及心理上对退休的担忧；帮助客户设计个性化的退休计划。

- 退休后，你最想做什么？

  询问原因：反映客户退休后是否想解决某些问题或实现某一目标（健康的退休体验应该具有一定的目的性和生活平衡性）；反映退休的无形收益，对于客户来说，这是最有意义的。

- 退休后，你理想的一周将会是什么样子？你如何投资时间？（详见第13章的"理想的一周"）

  询问原因：反映客户对退休的展望是否现实、具有平衡性。（如，他们是否只计划去打高尔夫球？这么做，能否带来足够的满足感？）

第5章 关于客户人生的问题

图表5.4（续） 用于了解客户的过去、现在和将来的问题

- 在你还能行动的时候，你最想做的5件或10件事是什么？
  询问原因：反映"束之高阁"的梦想、梦幻般的冒险旅程、被延期的渴望，这些将激发客户制定计划并坚持计划。
- 在未来5年中，你认为你会遇到哪些人生转变？你希望为退休后的哪些人生转变做好准备？（详见第6章的"人生转变调查"）
  询问原因：反映客户预测到的人生转变，以及客户是渴望还是害怕这些人生转变，还是两者都有？为讨论人生转变的理财准备打开了大门。

聚焦人生转变

我们建议读者多了解一下第6章所详细阐述的"人生转变调查"。这一调查可以启发客户展开讨论，帮助客户了解可预测的人生转变以及不可预测的人生转变的财务含义。调查过程清晰地阐明了每一人生转变的财务含义。而且，每一人生转变其实都是一个绝佳的机会，理财顾问可以充分利用这一机会为客户提供服务。人生转变调查的目的在于帮助客户更好地理解人生和财务之间千丝万缕的联系。使用人生转变调查作为发现过程的基础，顾问可以更容易地与客户展开对话。未来，理财顾问与客户间对话的轴心不会是"道琼斯指数进展怎样？"，而会是"你最近生活怎样？"以及"我们要怎么做，才可以帮助你成功度过这一人生转变？"

我们认为，发现过程至关重要，它能够向客户表明，顾问是否对客户的事情感兴趣。所以，这一过程是建立和维系与客户之间的信任的关键。图表5.5表明了发现过程所发挥的关键作用，它可以帮助顾问在客户的理财生活中扮演长久、多功能的角色。下面的文字详细地解释了顾问的提问是如何影响信任环的。

图表 5.5　　　　　　　　　信任环

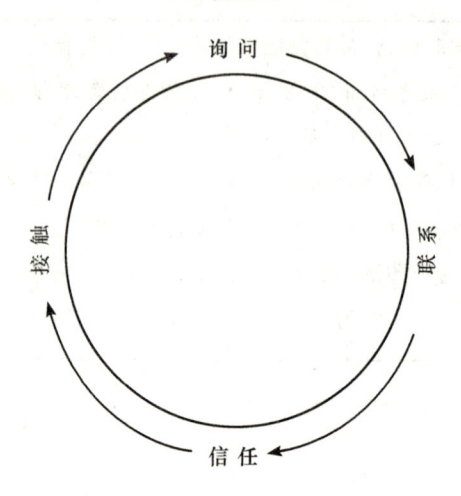

询问

提问会让顾问与众不同。因为现在的问题不再以客户的财务为中心，而是以客户的生活为中心。通过询问正确的问题，顾问不仅可以将客户引向金融产品或金融服务，而且可以在客户的大脑中创建一个基本理财框架。现在，顾问真正联系到客户的生活了。

联系

客户愿意与那些能够理解他们的生活和目标的理财顾问合作。如果理财顾问能够充分询问客户的生活信息，客户就会感觉到双方之间的信任具有一定的根基，因为理财顾问现在已经与客户的生活、目标以及账户余额联系到一起了。

信任

如果理财顾问对客户生活中正在发生什么以及将来会发生什

么知之甚少，或一无所知，客户的信任就完全取决于理财顾问的绩效。在这种情况下，只要理财顾问的绩效一降低，客户的信任就会立即降低。如果信任同时建立在对客户的了解和投资绩效基础之上，信任的波动和特征就会发生改变。当绩效低于某个标准时，客户可能会考虑更换理财顾问。但是，如果这样做，客户将不得不与一位不像自己的当前顾问那样了解自己的理财顾问合作。信任是客户将自己部分或全部的资产交付给理财顾问打理的核心原因。

接触

如果理财顾问与客户间的关系建立在对客户生活的了解的基础上，那么客户将期盼顾问能够帮助他们去领会每次人生转变的财务含义。通过解释人生转变的财务含义，顾问自然就会获得接触到客户资金的机会。客户让顾问接触他们的资金，不是期盼顾问能够为他们带来更多的投资回报，而是希望顾问能够为他们即将面临的人生转变找到一个答案。另外，客户能让顾问接触他们的资金表明了一种信任。要想让客户对顾问产生这种信任，顾问的询问过程就必须深思熟虑、全面多样。

好的问题是能更好地为客户提供咨询服务的关键。好的问题可以让客户更了解顾问，同样，客户的答案也可以让顾问更了解客户。想一想，在生活中，是不是越能了解你生活的人，你在个人情感上就越信任他？他们之所以能亲密接触你的生活，了解你的生活，正是因为他们能关心你，总能恰如其分地询问你，并有时间聆听你的答案。在客户的心里，顾问询问的水平代表了顾问对客户的关心程度。

客户怎么可能信任那些只询问自己账户余额的人呢？如果只询问这类问题，就难以让客户产生信任，更别说获得长期的客户关系了，要想在动荡的市场上生存下去那更是不可能。顾问的未来既取决于对客户生活的好奇、关心以及了解，还取决于顾问对客户资产的管理和投资能力，两者的分量不分上下。那么，从现在就开始加强询问过程的深度和广度吧，这样不仅可以改善顾问-客户关系，而且最终能够带来业务上的成功。

第 6 章

人生转变调查

我们如何衡量卖方所卖之物与买方想买之物之间的分离程度？大部分人都认为，这可以通过动机来衡量，即：卖方为什么卖？买方为什么买？这种衡量方法含糊不清且不严谨，成功与否只取决于机会大门是否为你敞开。

客户使用专业人士的服务，要么出于实际原因，要么出于情感原因，或是两者兼而有之。如果客户目的明确，而且知道自己需要哪一种产品，他们就会采用现实的方法，简单比较产品及其价格。这种方法对产品的价格非常敏感。

与上一种客户相反的是，有些客户寻找专业人士是为了能够解决自己的麻烦，在这种情况下，与价格相比，客户更为关心关系因素。相比于最便宜的解决方案，客户更想知道合作的专业顾问是否了解客户的需要，以及提供的解决方案能否恰如其分地解决客观存在的问题和客户个人主观上的情感需要。而且，客户希望此解决方案能够安慰、平息自己狂躁不安的心。换句话说，来咨询理财顾问时，这些客户已经察觉到问题的存在，他们希望找到能够重视自己的需求和担忧的理财顾问。对于这些客户来说，某一特定产品解决方案并不是他们考虑是否与理财顾问合作的首要因素。

因为这些客户在决定是否与某位金融专业人士合作时，往往以自己的情感关注为基础，这类客户更喜欢和那些能够满足客户特定情感需要的金融专业人士合作。意识到这一点，我们就需要实事求是地回顾一下最近业内一直使用的客户调查工具，并自问一下，这些工具能否很好地回应客户的担忧？效果怎样？它们能否在情感上和理性上充分解决客户担心的事情？

我们已经注意到最近业内的一个趋势，一些金融服务公司试图在其产品介绍和客户调查中使用更多的软语言。比如，一家保险公司使用类似"突然死亡"这样的词语来介绍人寿保险产品，或使用"财务忧虑"和"活得更长"来介绍退休规划。这种特殊的介绍是通过询问客户一些问题来激发客户的深层情感注意，类似的问题有：是否为子女教育做了充分的财务准备？或合理的通货膨胀率对他们将来的财务预算会有怎样的影响？采用这种启发性的方法，金融产品或服务提供商没有先入为主地假定客户想要什么，也没有计算出一连串的数字并设想客户是否会同意。另外，有些公司已经尝试着使用更多的"肺腑之言"来连接客户的财务领域和情感领域。

这里再举一个例子。一家共同基金公司散发的传单上最开始使用的语言是"帮助你自己"、"帮助你的父母"、"帮助你的孩子"，并询问"什么会让你在深夜辗转反侧睡不着？"之后再提出一系列的人生主题。这种发展方向是对的，因为它可以提供客户所关心的非财务信息。但这类混合型工具的通病在于，它们试图将感情充沛的语言嫁接到金融业术语之上，但却没有达到预期效果，因为许多外行人仍然会感到不知所云。结果，一些简介会成功地让客户激情澎湃、头脑发涨，但仍然不能让客户清楚地知道自己该采取什么行动。

而美国路德兰兄弟会的"人生地图"则是一种很成功的方法。"人生地图"是一种金融人生规划方法，关注于客户的价值观、目标和人生规划。"人生地图"的制作过程能够帮助客户规划自己的生活和遗产，覆盖了客户财务生活的所有领域。对于那些具有封闭式

第6章 人生转变调查

工作系统,并将自己的服务推销目标定位于路德会成员的公司来说,采用这种理财规划可以相对容易地实现业务转型。

经过分析,我们了解到,许多财务调查工具使用的人生规划术语最多不过是象征性地装装门面。这些调查的内容似乎正在婉转地引导客户,而真正的目的仍然赤裸裸,即"你有多少钱?它们都在哪儿?"

人生转变调查问卷

出于前文所提到的原因,我们想介绍一种工具,这种工具能够向客户传达一种不同的信息,缓和客户对未来的担忧和不安。人生转变调查是理财规划在线网站金融人生规划版块的一个组成部分,涉及到客户生活以及财务的各个方面,目的在于帮助客户清晰地表述自己的担忧、恐惧以及希望。就好似对话启动器,人生转变调查从一开始就可以确定客户最紧迫的财务事宜。在接下来的对话中,人生转变调查还可以作为一个参考点,衡量在回答客户关心的事宜上所取得的进展。另外,我们的目的还在于,将人生转变调查作为一种手段,用于制定新的金融人生规划框架,并搭建顾问与客户之间的关系。

如图表6.1所示,人生转变调查将一般的人生转变分为4大类。

1. 工作转变。
2. 财务转变。
3. 家庭转变。
4. 遗产转变。

可以让客户选择与自己有关的人生转变,并将所选择的人生转变划分为目前、短期(1~3年)或长期(3年以上)。

图表6.1　　　　　　　　人生转变调查问卷

请选择你目前的人生转变以及不久的将来将经历的人生转变在你人生中的优先次序。其他选项保持空白。

个人/家庭	人生优先次序等级
即将结婚	□高　□中　□低
即将离婚或分居	□高　□中　□低
最近丧偶	□高　□中　□低
期待有个孩子	□高　□中　□低
将收养个孩子	□高　□中　□低
需要雇用保姆	□高　□中　□低
孩子将进入青春期	□高　□中　□低
孩子有特殊需要(残疾/其他需要)	□高　□中　□低
孩子将进入大学	□高　□中　□低
孩子离家上大学	□高　□中　□低
孩子即将结婚	□高　□中　□低
空巢	□高　□中　□低
特殊家庭大事	□高　□中　□低
向家庭成员提供帮助	□高　□中　□低
担心年老的父母	□高　□中　□低
担心伴侣或孩子的健康	□高　□中　□低
担心个人健康	□高　□中　□低
家庭成员需要专业护理	□高　□中　□低
家庭成员残疾或患有重病	□高　□中　□低
家庭成员即将去世	□高　□中　□低
家庭成员最近去世	□高　□中　□低

第 6 章　人生转变调查

图表6.1（续）　　　　　人生转变调查问卷

孩子最近诞生	□高	□中	□低
家庭成员患有癌症	□高	□中	□低
即将成为单亲家庭	□高	□中	□低
事业/职业打算			
变换职业	□高	□中	□低
新工作	□高	□中	□低
晋升	□高	□中	□低
失业	□高	□中	□低
工作调整	□高	□中	□低
新工作培训/教育课程	□高	□中	□低
开展新业务	□高	□中	□低
获得或失去业务伙伴	□高	□中	□低
出售或结束业务	□高	□中	□低
将业务转让给家庭成员	□高	□中	□低
减少/简化工作生活	□高	□中	□低
年假/休假	□高	□中	□低
即将步入退休阶段	□高	□中	□低
从现有工作/职业中全面退休	□高	□中	□低
收购其他企业	□高	□中	□低
扩展现有业务	□高	□中	□低
财务/投资			
出售房屋	□高	□中	□低
抵押贷款再融资	□高	□中	□低
购买房屋	□高	□中	□低
搬家	□高	□中	□低
重新考虑投资哲学和风险预测	□高	□中	□低
重大投资利润	□高	□中	□低

图表 6.1（续） 　　　　　人生转变调查问卷

重大投资损失	☐高	☐中	☐低
担心债务	☐高	☐中	☐低
考虑投资机会	☐高	☐中	☐低
得到遗产或意外收入	☐高	☐中	☐低
出售资产	☐高	☐中	☐低
考虑更换金融服务提供商	☐高	☐中	☐低
社会/慈善事业			
父母每月的津贴（父母的养老金）	☐高	☐中	☐低
给第二代、第三代子女的赠与	☐高	☐中	☐低
制定或审核遗产规划	☐高	☐中	☐低
确定人生计划的目的	☐高	☐中	☐低
创建或资助基金会	☐高	☐中	☐低
创建或资助奖学金基金	☐高	☐中	☐低
为社会事业/大事捐款	☐高	☐中	☐低
为教会或宗教组织捐款	☐高	☐中	☐低
为其他慈善机构捐款	☐高	☐中	☐低

人生转变问题表

　　顾问可以采用类似下面的话向客户介绍人生转变调查。

　　客户先生/女士，我们的目标之一就是将服务与客户目前以及预期的生活体验相联系。我们的战略就是发现客户正在面临或期望实现的改变，并找到能帮助客户成功实现人生转变的方法。请花费几分钟完成这份人生转变调查问卷。

第6章 人生转变调查

对客户关心的每一人生转变,理财顾问都应该提出一套问题,并帮助客户理清问题,理解相关的财务含义。这一套问题叫做人生转变问题表。例如,如果客户表示她有可能即将失业,理财顾问应该亲自询问人生转变问题表上的问题,并与客户商量哪一项服务会在这次人生转变中对她有帮助,或是将人生转变问题表邮寄到客户家中,在下次与客户会面时可以拿出来,并与客户讨论他们的答案。在这种情况下,理财顾问应该告诉客户,反复思量这次人生转变的所有财务含义非常重要。

图表6.2是一套关于人生转变的问题表,当客户面临失业时,理财顾问可以使用该表帮助客户。

将顾问与客户间的谈话内容从财务转变扩大到人生转变,这样做有莫大的好处。但谈话最终会通向顾问以前曾办理过的某种业务或服务。不同的是,现在这项业务办理深系着客户的情感,是客户的人生转变让金融业务办理变得必要、合理。如果从客户的人生转变角度出发来办理必要的金融业务,那么买方和卖方的遗憾就都会消除。使用这种方法,顾问已经:

- 对影响客户生活质量的事件表现出了极大的关注。
- 让客户更多地了解到,顾问可以在他们现在以及将来的人生转变中发挥作用。
- 帮助客户更加注意每次人生转变的财务含义。
- 扩展顾问的职业描述,实现从理财顾问到金融人生规划师的转变。
- 消除障碍,帮助客户理解人生事件与理财事件之间的区别。

完成人生转变问题表后,顾问会发现,客户面临许多选择,对此理财顾问可以有选择性地提供相关服务。比如,在失业这一人生转变时刻,客户可以谈论自己的选项,并正视其财务含义,了解这一转变带来的机会。客户现在了解到,顺利渡过这一人生转变与她的财务生活是分不开的。这里有许多财务含义需要处理。失业的财务含义包括:收入变化、生活标准变化、退休计划调整、保险范围检查、人生转变现金流规划以及对退休计划的长期影响。

图表6.2　　　　　　　　人生转变问题表

工作转变:失业

1. 你是否打算从事一种全新的工作或工作安排?

2. 对重新就业,你有什么计划?

3. 失业后,你是否打算改变自己的生活方式?

4. 你目前的储蓄能维持多久?

5. 你是否曾经或将得到安家费或解雇费? 如果有,你打算怎么安排这笔费用?

6. 你打算怎么安排退休资产[401(k)、个人退休账户等]?

7. 在这个阶段你是否考虑出售资产?

财务含义
- 收入变化。
- 生活标准变化。
- 退休计划调整和转移。
- 保险范围检查。
- 人生转变现金流计划。
- 对退休计划的影响。

第6章 人生转变调查

作为金融人生规划师，顾问还有机会作出其他观察或建议，帮助客户成功地实现人生转变。或许，在失业这段时间里，客户可以体验新的生活方式（比如"生活节奏减慢"），从而能够更好地维持工作与生活的平衡；或许，客户还可以进行事业转型。客户还打算做些什么呢？如果客户的财务状况允许的话，顾问可以建议客户休息一段时间，调整、振作精神并思考人生下一阶段将如何发展。

这一过程能够促使客户更多地思考生活和财务之间的相互影响。这样，客户就更能赏识金融人生规划师，知道他充当着伙伴、向导和教育者的角色，并且拥有扎实、丰富的专业知识。客户愿意了解自己可以并应该做些什么。客户需要理解自己面临的阻碍以及选择机会。如果单独去面对人生转变的财务含义，一定会让人胆怯，耗费精力，并且很难妥善解决每一相关问题。可见，客户还是明显需要金融专业人士的帮助的。

定位陈述

我（顾问）的工作有点类似于私人首席财务官，而你（客户）和你的目标就是我所服务的"公司"。你就是你自己生活的首席执行官（CEO），是一个做决定的人。你的决定会直接影响你及你家人的生活，我的工作就是提醒你在你每次人生转变中存在的财务隐患和机会。

人生转变对话可以让理财顾问与客户之间的关系不断成长，这对双方都有利。对理财顾问有利，是因为关于人生转变的对话可以让理财顾问更敏锐、更好地了解客户的现有生活，从而加强双方关系的凝聚力。对客户有利是因为人生转变的对话可以让客户更好地了解自己的金钱与自己的生活之间的关系，享用合理的财务建议所带来的积极成果，还有机会与理财顾问畅谈自己的重要人生决定,毕竟理财顾问已经观察过许多客户的相似人生转变,可以根据不同情况为客户提供意见。

总之,人生转变调查是理财顾问与客户之间新型谈话的开始,它可以扩大客户的视野,扩展并更清晰地定义理财顾问的作用。图表6.3至6.5的人生转变问题表就失去业务伙伴、新工作以及教育/再教育三个人生转变分别向客户提出了相关问题。

图表6.3   人生转变问题表

工作转变:失去业务伙伴

1. 这一转变将如何影响你的业务目标?

2. 这一转变将如何影响你的日常业务运营?

3. 这一转变将如何影响你的业务前景?

4. 这一转变是否反映了你的业务弱点?

5. 这一转变是否影响你个人的财务状况?

6. 这一转变如何影响你的未来业务规划?

7. 这一转变发生后,你的人生优先次序是否改变了?

财务含义

- 对遗产计划的影响。
- 对个人退休计划的影响。
- 对个人残疾保障的影响。
- 紧急资金规划。
- 对收入的影响。

第6章 人生转变调查

图表6.4	人生转变问题表

工作转变：新工作

1. 新职位的工资是增加了还是降低了？

2. 如果增加，多出的钱你打算怎么安排？

3. 新职位的退休福利是增加了还是降低了？

4. 福利的改变是否会影响你的退休计划？

5. 你是否安排了401(k)和个人退休账户的调整？

6. 你是否计划调整生活标准？

财务含义
- 收入的变化。
- 搬家费用。
- 管理新资产。
- 保险调整。
- 退休计划调整和转移。
- 税务筹划。
- 生活标准调整。
- 现金流规划。

图表6.5	人生转变问题表

工作转变：教育/再教育

1. 每年的教育费用将会是多少？教育会持续多长时间？

2. 对你目前的收入能力有多大的影响？

3. 对你将来的收入能力有多大的影响？

4. 在学习期间，你是否考虑改变生活方式？怎么改变？

5. 你是否考虑在这段期间出售资产？

财务含义

- 学费支付计划。
- 没有收入。
- 现金流规划。
- 对退休计划的影响。
- 对生活方式的影响。

使用这类"了解客户"的工具并不会改变顾问提供的产品和服务，它只会改变顾问提供产品和服务的背景。如果理财顾问自己的交际网中拥有大量专业人士，并且他们能够形成互补，提供超出顾问个人专业知识之外的服务，那么使用这类工具最为合适。

一些人生转变需要保险解决方案，另一些人生转变涉及遗产或税务。对此，顾问需要向客户推荐相关专业人士。与客户互动，了解客户时，可以使用这种方法。理财顾问的作用就好似一个总承包商，或自己向客户提供客户所需要的服务，或与适宜的转包商一起协调工作。

第6章 人生转变调查

如今,交易经纪人和理财顾问无所不在,要想与众不同,你必须运用别具一格的方法,这一点尤为重要。我们认为,人生转变调查是重要的一环,它可以让你如愿以偿。如果你用心地设计金融人生问题表,那么机会自然源源不断。使用这一工具的原理在于,通过询问问题,了解客户目前的生活,而后才能确定客户的真正需要。这样,客户自己就能明白需要理财顾问的服务,甚至不用顾问作出任何"推销"努力,因为顾问所提出的建议直接关系到客户的生活大事或客户期望实现的人生转变。

第 7 章

直觉型顾问

伟大的科技最终会让人类难以操纵,例如,我们制造了汽车,如今它们的时速普遍高达 200 英里,但是,如果我们每个人都以这么快的速度开车,高速公路将会成为大型撞车比赛场。如今,信息技术发展迅猛,大量信息接踵而来,而我们有限的大脑根本无法成功处理这些信息。信息技术产业的运转定律要求信息处理的能力和速度每 18 个月增长一倍,然而,人类大脑的运转定律却正好相反,随着时间的逝去,我们处理信息的能力将逐渐降低。因此,即便技术爱好者仍在赞美极速大容量信息负载的好处,信息时代的目标观众已经开始渐渐退场。或许,没有哪个领域会比金融服务领域更能证明这一事实。

以下事实说明了在金融服务领域技术进步和人类能力之间的矛盾正在不断上升。一般的"晨星"报告包含 167 个统计值;普通的招股说明书拥有 390 个数据;如果你将关键字"投资"输入搜索引擎,你会得到 10 381 个回应。很明显,与前人相比,我们周围的数据、数字比以往多出很多。如果你将 24 个随机数字读给 20 多岁、40 多岁和 60 多岁的人听,然后让他们尽可能地回忆这些数字,你就会得到以下结果:

第7章 直觉型顾问

- 通常,20多岁的人能够回忆起14个数字。
- 40多岁的人回忆起11个数字。
- 60多岁的人回忆起9个数字。

关于记忆问题,生理学上有个简单的解释:随着年岁增加,我们的短期记忆能力将逐渐衰退。虽然信息技术正在大步向前发展,但人类的能力却逆向而行。你或许会听到一些有关美国人口老龄化的统计数据,比如目前超过65岁的美国人高达3 100万,到2025年,这一数字将会超过6 300万。你或许还听说过,65岁人的平均储蓄是40岁人平均储蓄的10倍。但是,与市场成熟度和人口结构变化相比,储蓄额的这一趋势对理财顾问的业务发展更具影响力。

更大的问题是,在过去我们一直被告知,更多的信息和更好的信息技术是在信息时代构建更好业务的关键。如果我们还站在信息时代的轴线上,这种想法还行得通。但是,我们没有。信息过量(有些信息甚至互相矛盾)造成我们的大脑"瘫痪",因此,消费者其实已经悄悄地进入了"直觉时代"。

从信息到直觉

过多的信息淹没了今天的消费者。由于难以消化这些信息,消费者很难作出决定。这迫使他们的分析能力逐渐退化,他们开始听从心中的感觉,凭直觉作出重要决定。简而言之,信息的扩散及其惊人的扩散速度创造了信息之外的另一个市场,这个市场就是直觉市场。

今天的客户急切渴望有人能够清楚表述相关的金融信息,能够更好地在直觉层次上与他们沟通。虽然全世界都在拼命奔向人工智能,但明天的理财顾问应该多为情商而努力。如果顾问必须在技术技能和直觉技能之间作出选择,那么我们建议你最好还是沿着直觉技能这条路前进。消费者并没有利用大量科技（互联网），并没有将在线购物作为自己的主要购物方式。这一事实让互联网观察家们倍感震惊，而具有直觉洞察力的人士知道其背后的原因其实很简单：大部分人都想和人接触，并相信感觉体验。

在线购物具有一定的市场，这是因为许多人在购买某些商品时希望避免与人打交道这一程序，但是技术仍然具有直觉限制。这种在线购物模式让我们想起了一位创业者，这位创业者曾认为在自动售货机中出售蓝色牛仔裤是个伟大的构想。他推断，大部分人都知道自己的尺寸，所以他们将会非常欣赏这种方便的购物方式。但是，他忽视了控制购物心理的直觉因素，即自我肯定。消费者需要售货员或平面镜告诉他们，穿着这些牛仔裤看起来到底怎么样。

另一个影响客户与金融服务专业人士之间的关系的重要直觉准则是，决策越重要，就越倾向于用直觉去断定。人们相信直觉本能，当感到迷惑或不确定时，他们就更容易倾向于直觉本能。根据贺冠卡片公司的创始人乔伊斯·霍尔所言，直觉是"过去经验的升华"。直觉是用你过去的所见所闻衡量你今天的所见所闻，但这些经验最后终会用光。当客户没有以往的经验来衡量今天的状况时，直觉功能就取决于对发出信息的那个人的感觉。我可以相信这个人吗？这个人是否能够理解我的最大利益到底是什么？

许多消费者认为，他们不需要一个提供全方位服务的理财顾问，至今，他们也没有将所有的财务行为都集中到一起。因为投资信息和投资交易都已经商品化，除了信息和执行投资，今天的理财顾问必须为客户提供更多的价值。增值服务很大程度上属于直觉型服务，例如，提供智慧、洞察力，同时充当客户的教练，帮助客户将人生目标与财务行为统一起来，确认投资战略，以及最终充当客户的私人首席财务官。

第7章 直觉型顾问

直觉型关系

直觉型时代扑面而来，对此理财顾问应做好准备，集中发展自己的人际交往能力。在直觉型时代，客户常常根据理财顾问是否询问客户和潜在客户正确的问题(有关生活，而不只是钱)，以及是否真正聆听了客户的答案，来决定是否与该顾问合作；在直觉型时代，客户将寻找那些能够清楚明了地讨论主观情感领域和客观领域问题的理财顾问；在直觉型时代，客户更重视的是合作关系，而不是业务过程。只有明了如何建立和发展良好人际关系的理财顾问才能在直觉型时代取得成功。

迄今，提供理财建议一直都是金融专业人士参与最多的业务实践。但是，客户的期望、技术的进步以及行业趋势正在推动一场变革。在未来，顾问—客户关系不再取决于理财顾问出售的产品或提供的服务方式，而取决于顾问是否与客户的生活有联系。如道琼斯投资顾问公司的特约编辑罗伯特·维尔斯所劝诫的，"成为连接财务事宜和深层人类价值观的先驱……如今，提供理财建议是金融专业人士参与最多的业务实践……但是，这种趋势很快就会改变，如果你稍有停歇，就会错失良机！"

5年或10年后，顾问的业务会在哪里？那时，谁会是顾问的客户？这些客户将寻找什么类型的服务？客户的需要会是什么？为了满足客户的需要，顾问将需要与谁合作？

重新装备自己

许多理财顾问关心业务的长期生存能力。虽然大部分成功的理财顾问了解自己的业务始终在改变，但是仍有许多顾问认为，从客户的角度而言，理财顾问的主要作用就是保持不变。实际上，当客户需要购买的产品和需要提供的服务已经发生改变时，这些理财顾问仍然想寻找方法，改进产品的提供方式，而这就好像是重新安排泰坦尼克号上的甲板躺椅一样，完全于事无补。让我们面对现实吧，金融咨询业必须通过改革，来满足21世纪客户不断变化的需要和需求。但问题是，为了让顾问的服务永远贴近客户的生活，顾问必须在多大程度上重新改造自己。

金融咨询行业的改头换面

近二三十年中，为了满足消费者的需求，金融服务业已经发生了翻天覆地的变化。以美国为例，由于美国人对管理自己的金融事务具有日益浓厚的兴趣，美国政府于1975年5月1日解除了对佣金结构的管制。同一年，业界巨头美林证券委托斯坦福研究学院调查，确定了20世纪80年代投资者对服务提供的期望，该调查研究确定了消费者具有两大需求。

首先，客户希望能够全面了解自己的金融资产，并更多地参与资产增长过程。其次，客户渴望获得更多的理财规划服务。这符合"参与型"投资者的特征。参与型投资者不仅需要理财顾问为其提供理财规划服务，而且希望自己能够成为一个积极的参与者。

20世纪80年代见证了全新金融服务的大爆炸以及金融服务提供方式的转变。银行不再将自己局限于传统的银行业务，经纪公司不再只关注证券经纪活动。为了更好地满足参与型客户的期待，各家公司开始提供一站式服务，这种服务方式加快了金融服务业四大支柱（即单一经纪业务、银行业务、保险业务以及会计核算业务）的终结。10年后，金融超市以一种理财规划信息提供商的身份出现。

第7章 直觉型顾问

美林证券的主席约翰·斯蒂芬斯认为,这一发展是"向所有人提供所有服务"的开始。这是对客户期望的理性回应,客户的期望将会改变整个行业。

在20世纪90年代初期,理财规划已经逐渐受到主流群体的关注,而不仅仅是只有富豪才能享用的大餐。客户不再将自己的金融事务分成若干份,同时,金融服务业也设法提供综合性理财规划解决方案,如保险服务、资产积累战略和税务建议。市场行情看涨,牛市一直持续到20世纪末,其制造出的有钱人比美国历史上任何时候都多。这不仅增加了上百万北美投资者的净值,而且促使金融服务业不断完善自身,以满足客户的需求。

这些需求到底是什么?长期资产积累是大部分理财规划师首选的营销方法。实际上,资产积累已经越来越与退休规划同步,创造了一种对长期金融产品的需求,如共同基金和可变年金,主要目标就是获得足够的储蓄和养老金。

理财规划已经被重新定义,意指制定战略以为未来积累资产。理财规划师已超越了传统的服务领域,如债务管理、家庭预算,不再只以价值为中心去理解金钱对个人的意义。由于理财规划的长期储蓄方法已经深入到婴儿潮一代的意识之中,金钱管理已与人们的生活失去了联系。

过去15年中,股票市场一直在雄劲增长,其中通货的稳定性是北美股票市场一直处于上涨之中的主要助推剂。随着上万亿美元的退休资产投入共同基金、个人退休账户、注册退休储蓄计划、团体退休计划以及指定用于退休的个人股票持有计划,市场核心不再对股票市场活动的反复无常轻易作出反应。强劲的市场、在职婴儿潮一代的长期退休储蓄以及金融服务业对资产积累的关注,共同创造了金融咨询业的大辉煌。

市场的盲目跟风

今天,在强劲的股票市场,我们已经不再采用简单的长期资产积累战略。理财顾问和客户之间的关系也发生了变化。调查 DIY 投资(自助投资)的发展时,《商业周刊》的一篇封面文章曾以"谁需要经纪人?"这样一个问题作为标题。实际上,在 20 世纪 90 年代后期,许多美国投资人都抛弃了他们传统的理财顾问,投向收费较少的交易协导员。大多数交易所都迅速利用了投资者这一趋势,一窝蜂地扑向互联网。一些公司甚至与自家的理财顾问争夺客户业务,实施"客户分类",指导客户脱离理财顾问,进行直接交易。不幸的是,疯狂追逐网络交易的许多客户其实不应该抛弃通过佣金进行支付的理财顾问和理财规划建议。在 2000 年,有 4 万亿美元的市场价值流出金融咨询服务市场。虽然这些钱并不全是退休资金,但是,北美退休储蓄的很大一部分已流出市场。

考验顾问和客户之间的关系

虽然许多人一直认为,从本质上来说,投资者就好像是在玩大富翁游戏钞票,但对那些临近退休的人来讲,问题没有这么简单,他们必须重新评估自己的全部投资理念。市场下滑,个人退休账户(IRA)的价值会下降,对于还有 20 年时间来挽回损失的个人来讲,这或许不是一件太严重的事。但是,对于即将退休的人来说,因市场不断走低而造成的痛苦,以及对未来的不确定,让他们在生活中焦虑不安。过去,许多理财顾问与客户之间的关系基础是客户需要得到高投资回报,保障退休生活。因此,理财建议与金融产品一样,

第7章 直觉型顾问

日益商品化。当投资市场的表现不可避免地发生变化时，双方之间的关系就缺乏赖以持续发展的稳定基础。

虽然投资表现不是顾问—客户关系成功与否或长久与否的关键决定因素，但是表现不佳，就会导致客户关注曾经忽视的弱点。以下是某一客户的观点，生动地说明了这一点。

一直以来，我都不是很喜欢我的一位理财顾问的个性。我不知道这到底是怎么回事，但是他就是让我感觉不舒服。当我的投资组合表现较好时，我不会在乎这个问题。而现在，我的投资表现起伏不定，我与他之间个性的不合更是让我如芒在背。

许多理财顾问与客户之间的关系并不牢靠，但是强劲的牛市习惯上创造了一种不斤斤计较的和睦气氛。过去，客户与理财顾问之间的基本沟通常常会与市场有关，或是以财富积累为中心。客户与理财顾问之间的沟通经常只是基于协助业务办理、共同基金表现和资产的积累。在这种情况下，传统理财顾问的处境极不稳定。金融咨询业过于注重对事实、表格、数字和分析报告的理财规划讨论，结果亲手给自己铸造了一副枷锁。由于这种讨论可以抛开关于人的因素，转而用从互联网上发现的信息和其他便利资源取而代之，因此传统的理财顾问必须设法重新定义自己不可替代的价值。

与机器对垒

一家大型在线投资信息提供商最近针对在线投资人做了一项调查，调查结果显示，70%以上的调查回应者都属于"高度忙碌投资人"，他们认为自己需要"尽可能频繁地"检查自己的投资表现。互联网成为活跃投资人的主要信息资源，对理财顾问来讲，网络已成为一股不容忽视的竞争力量。多伦多全球互动金融网站的副总裁大卫·基思说:"互联网对投资的影响是具有革命性的,而不是一时潮流。"他还认为,"我们的网站用户是信息收集者,他们从大量资源中吸收并综合分析新闻、信息、评论和研究,然后制定出自己的综合投资战略。"

美国独立投资分析机构"晨星"研究部负责人约翰·雷肯萨勒注意到信息技术已经给他的业务带来了巨大的改变。在提及技术对金融咨询业的影响时,他说:"在1975年,随着大型主机以及监管的变动为贴现经纪打开了大门,交易日益商品化。在1985年,个人电脑让一些机构,如晨星和《华尔街日报》,能够以低成本提供信息,这使信息商品化了。今天,互联网让咨询业务也商品化了,证据就是资产分配软件、持续性监控以及其他复杂工具。"图表7.1展示了互联网如何以一种低成本、方便的方式向众多投资者提供了金融或投资专业服务。

有的理财顾问认为,互联网永远替代不了他们在客户心中的位置。他们说:"互联网当然好,但是不能给客户一种人性化的关注和关怀,而我能。"事实证明,他们的这一看法是正确的。很久以前,他们就停止了出售图表7.1中的服务,集中出售客户真正需要的服务。"客户到我这里来,是让我帮助他们理解铺天盖地的大量信息。"加利福尼亚市场信息服务机构J. D. Power and Associates的研究部负责人南希·索尔克同意以上的服务方法。她说:"随着互联网和媒体上充斥着越来越多的金融资料,投资人已经信息超载了,他们正在寻找能够卸载这些信息的经纪人。"

索尔克所在的公司最近开展了一项调查,调查对象是可投资资产超过10万美元的投资人。调查结果显示,投资人认为信息和教育最为重要,其重要性远远超出了经纪人业绩、收费以及佣金。这支持了以上看法。国际理财规划师协会在1997年开展了类似调查研究,结果也与此一致。

第 7 章 直觉型顾问

图表 7.1　　　　　　　　理财顾问对垒互联网

投资者需要的服务	理财顾问	互联网
业务办理协导	X	X
了解资产积累产品	X	X
了解保险产品	X	X
理财规划建议	X	X
投资信息	X	X
投资组合报告与分析	X	X
市场分析评论	X	X
研究	X	X
税务筹划建议	X	X
消费者教育	X	X

新的问题

在网络时代,理财顾问的主要作用就是事实和数字解释员吗?重新定义理财顾问与客户之间的关系就像成为信息发布者一样简单,只需向客户提供教育和更多的信息? 由于网络上可利用的信息如此之多,一些理财顾问正设法将自己定位在投资信息流的中心。这引发了新的问题,这个问题或许与将理财顾问与客户之间的关系过于集中在产品和交易上同样有害。

顾问的新工作描述

如果提供数据、数字捣弄、重新安排投资组合及提供业务办理服务都不再是主要服务,理财顾问应如何重新定义自己的专业作用?如何维持自己在客户眼中的价值?第一步就是扩大顾问自己的视野,然后要扩大客户的视野,让客户了解顾问,了解顾问所想实现的目标。

顾问不能仍旧仅仅充当财务协导员的角色,而必须成为客户的财务伙伴和战略伙伴,帮助客户度过人生大的转变并为未来的人生做准备。顾问必须帮助客户清晰阐述客户自己的需要和人生转变,帮助客户明确对客户个人来说什么才是最重要的,客户希望利用金钱实现什么人生目标,并帮助客户为实现这些目标制定个性化战略。顾问必须帮助客户预测人生的风暴,并协助他们平稳度过这一时期。

在我们的社会中,有些人正在寻找人生的意义和目的,他们认识到(从现实与理性的角度)单单拥有财富实现不了目标。在这种情况下,当人们幻想财富积累是人生的最终目标时,他们很少会去仔细地挑选能和哪一个理财顾问合作到底。但是,当他们突然醒悟,意识到平衡、有意义的人生才是真正的目标所在,而金钱不过是实现目标的手段时,他们就会对在自己的人生理财中与谁合作更为在意。对于今天的理财顾问来说,这既存在机会,又具有挑战。

今天的客户要求更多,他们正在寻求与理财顾问之间建立一种与以往不同的关系。他们需要的是合作关系,这种合作关系不仅仅关注金钱,而是要渗入到客户的生活之中。人生的每一阶段都需要财务准备和财务调整,客户了解这一点。因此,客户会将这些事宜交给一位清晰了解他们(个人生活以及事业)的过去、现在以及将来的理财顾问。客户希望与顾问间具有一种直觉型关系,希望顾问帮助他们清楚地阐述未来愿景。

顾问职业的未来是富有战略性和启发性地指导客户,成为客户的教练,走进客户的生活。顾问要紧紧围绕着客户的金钱和生活,以及金钱对客户生活质量的影响。只要顾问愿意改变自己的服务方式,开发必要的相关技能,客户就会主动找上门。

第8章

增加顾问在客户眼中的价值

金融咨询业将日益个性化。客户衡量顾问价值的标准在于顾问提供的服务或产品能否帮助客户更好地生活,而不是那些客户了解甚少或没有什么情感寄托的产品与服务。这并不是说顾问应该摒弃之前提供的服务或产品,而是说顾问需要改变产品提供方式。因为客户是理财顾问所提供的各种信息的最终驾驭者,对信息的最终采纳与否拥有决定权,并支配着未来的服务方式,所以顾问应密切关注客户的需要、希望、特征和预期,而且要持续不断地予以关注,因为客户的年龄在不断增加。

向明天的客户证明你的价值

如果理财顾问不能满足客户的个人需要,客户就会寻找新的顾问。许多客户最紧急的需要就是更多地了解金钱与生活之间的关系。在20多岁、30多岁及40多岁这些人生阶段,客户最需要的知识通常与投资、资产积累和长期理财规划战略有关。实际上,在过去的20年中,为了满足以上这些需要并给客户提供相关教育,金融服务行业在相关方面进行了大量投资。

但是,当我们正接近众多人生转变的关键时刻时,我们对新知识的渴求却逆向而行。在某种程度上,我们开始认识到退休之日迫在眉睫,父母为日不多。这些人生转变改变了我们对生活以及金钱的看法,随之,我们对理财顾问的需求以及与理财顾问之间的互动关系也发生了变化。吉姆和格伦达说:

当退休日益临近时,我们才猛然发现,实际上我们根本没有真正地思考过退休生活将是什么样子。我们总是习惯地认为退休就是"永远不必再工作"。听从理财规划师的意见,我们不断存款,以维持不工作时的生活,为了实现这个目标,我们一直好好工作。尽管如此,但让我们感到惊讶的是,现在退休的时间眼看到了,我们才开始认识到退休不仅仅是钱的事。当然,我们不需要工作,但是,我们还没有年事已高。

虽然退休是我们可以预测到的重大人生转变之一,但是一直以来理财顾问都对此最为重视,甚至有些狂热。在这里,我们不妨用退休作为例子,来说明理财顾问对某一人生转变的看法必须改变,必须更贴近当今客户的心。如今,退休规划远不止是储蓄足够的钱以备退休之用,因为今日退休的含义已发生转变,不再是无聊地打发一整天。如果退休生活只是无所事事,无聊之极,那储备养老金又有什么意义呢?客户不同,有意义的、成功的人生的含义就不同,同理,有意义的、成功的退休生活也会不同,实际上,全职工作生活和完全退休的生活之间的差异正在快速消散。

并没有什么退休样板解决方案可以帮助顾问去榨取每个客户的资产。理财顾问的业务必须指向客户的人生愿景,而不是根据理财顾问自己对退休的设想来安排客户的资产。这种业务指向的重大转变是理财顾问和客户之间新型合作关系的开始。今天的客户期望与金融人生规划师发展这种新型的合作关系,并对"伪冒"的金

第8章 增加顾问在客户眼中的价值

融人生规划深表不满。

客户正在重新评估与理财顾问之间的关系,而且正在重新评估理财顾问提供的服务和产品是否贴近他们的生活。即使最优秀的理财顾问也要面临新的评估。在自以为是的论调下,金融服务行业运行了20年。一直以来,理财顾问建立业务的基础是:

- 客户不断储蓄退休养老金的需要。
- 股票市场的出色表现。股票市场使客户和理财顾问的注意力偏离了人际互动,转向事实和数据。
- 一般化的解决方案,如共同基金和通用型投资项目中的其他打包产品。
- 采用与竞争对手具有同样模式的营销项目、广告活动和讨论会话题。
- 重视建立大型富裕客户名册。

虽然在过去,强劲的市场表现和较宽容的客户有利于理财顾问成功获得业务,但现在情况已发生了潜在的变化。进入21世纪后,发生的两大主要改变暴露了许多理财顾问—客户关系中所存在的缺陷。

第一大改变。很大一部分客户年事渐高,因此他们的需求和期待也在不断发生变化。曾经极大影响金融服务业发展模式的婴儿潮生育高峰现在正在进入下一个阶段(婴儿潮一代正在步入退休之列)。

第二大改变。各种迹象表明,投资业绩恢复正常,或正在趋于平均化。20世纪90年代长期的牛市造成许多投资者(以及许多理财顾问)对长期投资回报预测错误。市场不可避免的下滑让众多投资者目瞪口呆,并向金融服务业以及金融服务提供商的信用发起了挑战。美国俄亥俄州哈得逊市的注册代理人克雷格·皮克林曾在《注册代理人》上很好地总结了这一事实。"虽然调查表明投资业绩并不是造成客户不足的首要因素,但是,动荡的市场促使亟待解决的问题尖锐化,迫使我们非作出决定不可。除非你有充足的理由证明你能够为客户增值,否则客户只会将你当作一般的商品,最终可能转向他们认为能够为其带来更多利益的经纪人。"

是时候该为理财顾问和客户之间的关系建立新的基础了。不变的是,客户对理财顾问提供的产品和服务拥有支配权。客户和理财顾问之间的互动关系将能体现出客户进入人生下一阶段时的需要。因此,理财顾问要想在未来取得成功,关键是建立高质量的客户关系,并且理解每一客户的独特需求、处境以及以生活为导向的人生优先次序。

客户关系的重要性

尽管理财顾问和客户之间的互动作用已日益商品化或自动化,但两者关系真正具有人情味的地方正在于人际互动,并且这种人情味变得越来越重要。客户为什么还要另外咨询理财顾问?毕竟,客户不再需要通过理财顾问购买金融产品,或提供理财规划信息及投资信息,因为客户可以在互联网上获得大量免费信息,现实中也有很多对投资者提供指导的相关书籍。

但是,客户从其他众多信息来源中无法获得理财顾问的满腔热情,而且这些理财顾问理解他们,关心他们。正如一位理财顾问所说:"客户从互联网上,从在线经纪业务中无法得到我!"

一些理财顾问不能真正了解客户更重视顾问的哪一部分价值。在这种情况下,理财顾问和客户之间的疏远就会逐渐显露。一些理财顾问认为,他们凭借提供的产品和服务为客户带来价值;另一些则认为,他们的价值在于公司的大小和实力,或挑选正确投资项目的能力;还有的理财顾问认为,他们的价值在于其聪明才智。但是,客户评估理财顾问主要还是依据两者关系中的信任与信赖程度。客户寻找的不是"我"（顾问），而是"我们"（客户与顾问）。

当业界评论员尼克·默里向理财顾问解释客户为什么购买股票型共同基金时，总结道："人们不是从他们了解的人那里购买股票型共同基金，而是从他们信任的人那里购买！"

重新定义"客户"

最近，在一次保险专业人士聚会上，在主题转向代理商拥有多少客户时，一位老练的代理人自夸说："我的客户超过2 500人。"这时，另外一位插嘴道："这不算什么，我们现在管理3 000多名客户！"一个坐在桌子旁边的新手转向我们说："等我做大了，我也会像他们一样！"

如果给予一定的资源和机会，我们一定会抓住时机，好好调查一下这些人所提到的客户，询问他们对自己的理财顾问的看法。实际上，有多少人承认自己是某些理财顾问的客户？这些客户还有多少其他理财顾问？加拿大多伦多营销解决方案公司的丹·理查兹在1998年进行的一项研究显示，可投资资产超过10万美元的投资者平均与三个理财顾问打交道。如果顾问只是帮助客户解决一部分金融问题，那么这应该算作"半个客户"，还是更少？

这远非做算术题这么简单。随着客户和理财顾问对彼此关系所能带来的利益的关注，如何理解客户是什么或不是什么对双方而言显得越来越重要。我们对客户的定义是，将你看作是私人首席顾问的人。顾问与客户之间的关系基于两个合作伙伴为了共同的目标而奋斗。对于客户与理财顾问之间的关系的恰当看法是每一方都能够从彼此关系当中获益，否则双方的关系就无法维持下去，因为最终的目标总是要实现双赢。

满足客户的期待

客户如何评价与理财顾问之间的关系？在与顾问之间的合作中，客户得到了什么？客户—顾问关系有多牢靠？客户认为在他们的生活中谁或什么是其主要理财规划信息来源？图表8.1有助于鉴定客户与顾问之间的关系等级。每一问题的分值为1~10，10分为最高分。

为了恰当回答图表8.1中的问题，客户必须事先了解他们对顾

图表8.1   理财顾问评分等级表

1. 你的理财顾问有多么了解你的生活需要和你的生活处境？

    1   2   3   4   5   6   7   8   9   10

2. 你的理财顾问向你讲授和介绍金融概念和原理时的表现如何？

    1   2   3   4   5   6   7   8   9   10

3. 你如何评价你理财顾问的投资业绩？

    1   2   3   4   5   6   7   8   9   10

4. 你的理财顾问与你的人生目标和退休目标是否相一致？

    1   2   3   4   5   6   7   8   9   10

5. 将你所有的可投资资产全部委托给你的理财顾问的倾向有多大？

    1   2   3   4   5   6   7   8   9   10

6. 将你的理财顾问推荐给你的密友和亲人的倾向有多大？

    1   2   3   4   5   6   7   8   9   10

第8章 增加顾问在客户眼中的价值

问的期待,对顾问价值的期待。如果顾问懂得测心术,与客户交谈时随时能够读懂客户的想法,那么顾问将有能力辨别出客户在寻找什么。然后,顾问就可以确信,自己总能提供客户所需要的,即使客户没有明言那是什么。

客户总是知道自己想从理财顾问那里获得什么吗？很明显,答案是否定的。为了证明这一点,你可以回想一下,是否经常看到或听到客户将部分或全部业务转交给你的竞争对手,其原因只是因为竞争对手许诺会给客户提供一些服务,而客户不知道你也可以提供相同的服务？我们知道,客户期待理财顾问了解他们,就像客户了解自己的生意一样。在追逐目标和梦想时,客户希望有人能向他们提供训练、指导和引导。

客户的价值循环

如果理财顾问能让双方关系增值,客户就会增强对顾问的信任感。完全信任顾问的客户会毫不犹豫地将大部分或全部可投资资产委托该顾问打理。从很大程度上说,客户委托顾问代为管理的资产数量或百分比有多大,就表示他们对顾问的信任程度有多大。客户可能不会总能意识到他们认为顾问有价值的各种原因。很多时候,正是无形资产(无形资产有时位于盲区,并不总能进入客户的考虑范围)决定了客户对顾问的价值判断。

如果要想成为给人留下深刻印象的金融人生规划师,顾问必须从人生导向服务的角度(不是从金融产品的角度)重新定义自己的产品线。看看你现有的营销材料,它是反映了你销售的产品,还是反映了你能提供的帮助？

顾问的产品不是他正在销售的东西,而是能为客户带来的好处。每一产品或服务的介绍能否帮助客户理解这些好处至关重要。

图表8.2举例说明了一些金融产品以及它们对客户的好处。

图表8.2	金融产品及其好处
产品	对客户人生的好处
投资管理	帮助客户管理资产,这样客户可以最大化金钱数量,享受自己想要的生活。
税务筹划	将客户可利用的金钱数量最大化,这样客户可以随意消费,购买自己想要的东西。
遗产规划	向客户提供计划,让他们尽可能地将自己的资产传给自己最重要的人。
退休规划工具	让客户获得可以帮助他们尽可能多地积累退休金的工具,这样他们可以享受自己的未来。
人寿保险	帮助客户保护对于他们来说最重要的人。
残疾保险	帮助客户确保他们的至亲及其生活方式免遭人生不幸。
大病保险	为客户制定保险方案,使其获得内心的安宁,在遭遇人生不幸时不致给其家庭带来灾难。
长期护理保险	与客户合作,确保客户已经了解年岁渐高所面临的挑战,并确保客户已预先计划好如何减轻至亲身上的负担。

我们已经确定了客户价值循环的六大领域,通常,根据这六大领域,客户会评估自己的期待能否得到满足。如果理财顾问有能力在这六大领域发挥自己的价值,那么就会巩固他与客户之间的关系。图表8.3展示了理财顾问在过去如何发挥自己的价值,以及在未来将怎样发挥自己的价值。

理财顾问无法支配客户位于价值循环的哪一领域。随着生活的改变,客户的需求也会发生改变,因此,理财顾问不仅必须在客户正在经历的人生转变上发挥优势,而且必须确保自己提供的建议、信息和教育覆盖客户生活的各个潜在领域。

第8章 增加顾问在客户眼中的价值

图表8.3　　　　　　　　理财顾问的价值

价值循环	过去的理财顾问	未来的理财顾问
1. 教育	以财务为导向； 具体产品； 市场信息； 投资回报率； 风险/收益	人生规划； 事业转型信息； 与健康/生活方式相关； 收入策略； 财务教练； 以家庭为导向； 目标设定
2. 沟通	以左脑思维为导向； 以业绩为导向； 毫无创意的"饼干模子"方式，一般化，零星沟通，被动沟通； 顾问友好	以右脑思维为导向； 客户人生导向； 具体、独特、客户导向、系统化及主动的沟通； 客户友好
3. 报告	业绩导向； 仅满足最低要求	客户人生目标导向； 在线跟踪； 及时报告； 根据客户需求定制化
4. 理财规划	积累战略； 长期退休； 一般化； 财务导向	收入战略； 与客户生活方式相关； 客户定制； 客户人生导向
5. 投资建议	市场相关； 短期业绩； 资本利得； 长期投资	资产管理； 整体安全回报； 避税能力； 短期投资
6. 产品	共同基金； 个股； 可变年金； 各种人寿保险	管理账户； 各个投资组合； 以客户生活方式为导向的教育

客户价值方程

如果理财顾问能够真实地估量客户对彼此之间关系的评价，就会发现这看上去就好似简单的方程式。顾问与客户之间关系的质量等于客户认同的价值减去关系中的否定体。

在正项这一边，可以列出顾问满足客户期待的能力，并加上管理流程的效率。管理流程的质量可看作是正值，因为管理流程是一种方法，通过这种方法，公司与客户交流相关交易、投资的业绩以及管理人员的效率等等。如果顾问—客户关系的管理流程部分为负值，就必须好好评估一下公司的管理支持质量。

在负项这一边，有两个主要因素：客户维持彼此之间关系的成本，以及竞争对手的存在。成本不仅指金钱，还包括一些主观考虑因素，比如机会成本和情感成本。如果客户不断衡量与顾问合作的优势和劣势，他们在内心就会计算维持相互之间关系的价值所在。如果顾问无法满足客户的期待或需求，客户总会有许多其他选择。

史蒂文·柯维在《高效能人士的 7 个习惯》一书中讨论过"情感银行账户"。每次当我们通过沟通和互动获得与他人的良好关系时，就相当于向账户中"存款"；每次沟通失败，或客户没有表现出足够的兴趣，没有满足他人未说出口的期待时，就相当于从账户中"取款"。按照这一想法，有多少客户会说，顾问与他们之间的关系正在透支？或勉强维持正值？很明显，理财顾问行业仍然有许多不足，需要更好地在情感上联系客户。

第 9 章

金钱的意义

对于客户来说,金钱意味着什么?他们希望用自己的资产购买到什么有形财富和无形财富?本章将明确指出今天的客户希望用金钱购买到什么。他们的"购物单"上包括他们认为会影响其生活质量的无形产品,同时也包括大部分理财顾问熟悉并能够侃侃而谈的有形产品。在某种意义上,对于理财顾问而言,金融人生规划讨论的部分内容正是将对话从有形产品扩大到无形产品。本章将探讨以下内容:

- 人们为什么想成为大富豪。
- 钱或是没有钱,对重大人生决定有何影响。
- 富人最关心什么。
- 成功人士最关心什么。

这是你的最终答案吗?

除了二战那一代人(出生于 1901~1935 年)以外,每一统计人口群中的大多数都表示渴望成为有钱人，其中愿望最强烈的当属 X 一代（1965～1982 年）以及婴儿潮后期出生的人（1956～1964 年）。但是，我们必须问个问题，他们为什么想成为有钱人？根据"金钱和美国家庭"的研究，他们之所以想成为有钱人，并不是因为他们将钱看作是衡量人生成功与否的主要标准。基本上，人们衡量自己的人生是否成功大多依据与他人关系的质量，而不是财产的质量。美国人知道钱可以买到很多东西，同时也意识到钱并非无所不能。

图表 9.1 中的研究表明，与金钱相比，美国人更多的是通过家人、朋友、工作、教育以及宗教来衡量自我价值的实现。同时，他们也了解拥有金钱与有能力追求他们认为更重要的东西之间的联系。例如，问卷回复者认为，与挣大钱相比，帮助他人更能衡量人生成功与否，但是尽管如此，人们仍然能够很好地理解挣钱与帮助他人之间的联系。拥有一定数量的金钱，才能够让我们拥有更好的条件，去实现我们认为重要的事情（这些事情可以衡量我们的人生成功与否），比如帮助他人。

看看图表 9.1，不难发现，美国人用一些目标来衡量人生是否成功，你可以自问一下，"有钱真的能有助于或能加速这些目标的实现吗？"你不必很有钱，就可以与子女、配偶和朋友维持良好的关系；你不必很有钱，就可以坚定自己的宗教信仰或帮助穷人；你不必很有钱，就可以很长寿。这种心理练习非常有趣。

但是，虽说如此，浏览完图表中的目标，评估有钱就更容易实现或加快实现哪些目标后，你就会有另一番理解。就会明白为什么说钱对普通美国人能够实现成功人生而言至关重要，即使他们拒绝将钱列为自己的人生目标。一些人意识到，多花时间与他人相处可以增进两人之间的关系，于是他们憧憬，有一天自己的钱可以购买时间和自由。另外，无可否认，挣大钱可以让你有能力帮助他人，有条件接受良好的教育并环游世界。有一些人对自己的工作并不感兴趣，于是，他们便看到了挣大钱与从事有趣工作之间的联系。还有

第9章 金钱的意义

一些人希望获得价格昂贵的高质量健康护理,于是,他们认为挣大钱等同于长寿。

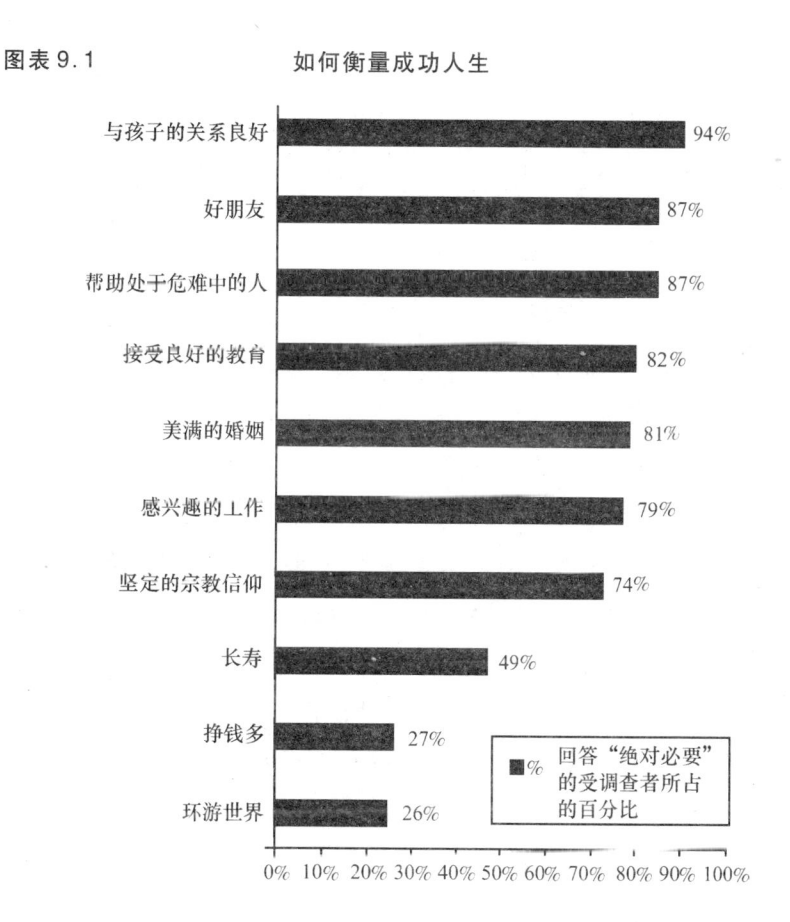

图表9.1　如何衡量成功人生

指标	百分比
与孩子的关系良好	94%
好朋友	87%
帮助处于危难中的人	87%
接受良好的教育	82%
美满的婚姻	81%
感兴趣的工作	79%
坚定的宗教信仰	74%
长寿	49%
挣钱多	27%
环游世界	26%

% 回答"绝对必要"的受调查者所占的百分比

结果显而易见,虽然美国人说他们不用金钱来衡量成功,但是他们很清楚,只有有钱才能加速实现他们认为有价值的事情。在每一年龄组中,40%~50%的人认为,金钱对于实现成功很重要。这并不是说,为了挣钱而挣钱,而是说有了钱,可以让我们更有能力去关注那些我们认为重要的事或人。挣钱的首要原因包括:

- 有能力养家(74%的调查回复者认为这一点至关重要)。养家是拥有18岁以下孩子的人士的头等大事。

- 生病时，可以得到良好的医疗护理(68%)。女人比男人更关注这一点。
- 保持身体健康(64%)。这一点对于二战的那一代人最为重要。
- 有能力帮助家人和朋友(50%)。
- 能够有更多的空闲时间(34%)。
- 有能力资助慈善事业(27%)。
- 更多享受(18%)。
- 能够出门旅行(18%)。

从这些调查回复中，我们可以清楚了解到人们希望用钱买到哪些无形产品组合。人们关心的是家人、自由、健康以及参与慈善事业的机会。那么，大部分金融服务公司忙着吹捧的又是什么呢？那便是某一代人的退休。如果我们与客户的谈话围绕着客户的家人及他们的健康、对工作和休闲完美平衡的追求，以及如何将遗产捐献给慈善事业，我们将很快发现资产管理和客户灵魂之间的重要联系。金融咨询业是时候改变服务方式了，不应该只是帮助客户去实现为了挣钱而挣钱的目的，而是帮助他们首先确定和分析希望得到钱的原因，而后着手开展业务，获得和管理客户的资产。简单地说，这就是金融人生规划。

有钱并不意味着你会有好的生活

哪些无形产品人们认为应该拥有并想要购买？了解这一点非常重要，因为理财顾问只有完全了解这些无形产品的细节，才能透过客户的会计报表，深入地了解客户，并推动对话的展开。这样，客户才能将理财顾问看作是连接他们的"无形"希望与实现这些希望的"有形"手段之间的桥梁。图表9.2来自AARP(美国退休者协

第 9 章 金钱的意义

会)的《现代老人》杂志,说明了人们希望用钱来购买哪些无形产品。图表中,每一条形柱的上方都标明了认为钱可以购买某一特定无形产品的人数百分比。

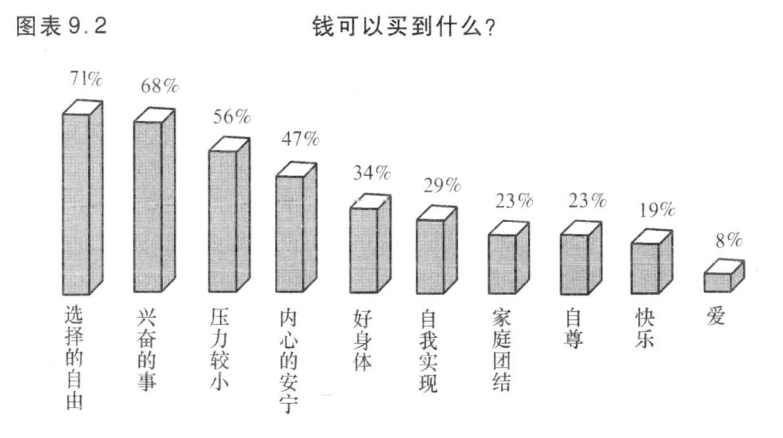

图表 9.2　　　　　钱可以买到什么?

选择的自由	兴奋的事	压力较小	内心的安宁	好身体	自我实现	家庭团结	自尊	快乐	爱
71%	68%	56%	47%	34%	29%	23%	23%	19%	8%

看到这个图表,直觉型顾问立刻就会认识到,这个图表是进入客户的生活以及心灵的入场券,是名副其实的无形产品购物单。使用这扇进入客户理财心灵的窗户,顾问会与客户展开哪些与众不同的对话,从而引起客户的兴趣? 答案有很多,并且趣味十足。

- 自由。70%的人认为钱可以购买选择的自由。如果你有钱,你会作出什么选择?
- 兴奋的事。你曾梦想体验哪些兴奋的事? 或是由于没有钱,这些事不得不延迟?
- 压力。有多少压力是来自钱和工作?
- 内心的安宁。计划好如何照顾自己关心的人以及如何面对重大人生转变,这在多大程度上影响你的睡眠质量?
- 好身体。财务事宜是否让你感到焦虑? 你是否认为,年老时拥有的存款数会影响你的健康护理质量? 你的健康是否受资产保护和遗产规划影响?

- 自我实现。如果有一定的经济基础,你打算追求什么?你是否曾想过其他事业?你打算用自己的能力和资产作出哪些贡献?

如果客户从一开始就采取一些必要的理财措施,那么他们想用钱购买的所有无形产品就都可以实现。这时就需要理财顾问大显身手了。顾问可以有效地、长期地与客户合作,帮助客户获得这些无形产品。金钱可以影响人生的每一方面,无论是有形产品还是无形产品。有一件事可以确定,即如果没有钱,许多人的生活将发生翻天覆地的变化。

所有罪恶的根源

我记得有一次,一位传教士向收音机旁的听众大声宣讲:"没有钱是万恶的根源!"说完这句话,他就开始应答连祷,希望能为听众解除钱给他们带来的痛苦。这位传教士的话模仿了"贪婪是所有罪恶的根源",但是,他似乎毫不费力就让听众产生了共鸣。只要看看因为没有钱美国人都作出了哪些决定,你就会毫不怀疑地相信他一定拥有许多追随者。

"金钱和美国家庭"研究项目进行了一项调查,询问人们如果他们拥有更多钱,会如何调整自己的生活方式,调查结果如下:

- 1/3 的人宁愿和孩子们一起待在家里,而不出门工作。
- 1/4 的人打算上大学。
- 近 1/4 的人不会放弃自己需要的健康护理。
- 近 1/4 的人将单独生活,不与他人合住。
- 1/5 的人将会送孩子去另一所学校上学。
- 1/4 的人打算改变自己的婚姻状态。

第9章 金钱的意义

当看到人们由于经济原因而不得不对生活作出妥协时,你很容易就会明白为什么"没有钱是所有罪恶的根源"这句话绝对能够深深抓住现代客户的心。没有收入,没有储蓄,经常能够影响一个人的命运。或许,这也能够解释为什么人们将"选择的自由"列为金钱可购买的无形产品的第一位。由于缺乏足够的资金来源,他们不得不为自己以及他们感到亏欠的家庭成员重新作出选择。

还有许多事实证明了人们由于缺少钱而不得不作出的妥协。18%的人说,因为缺少钱,他们不能离婚,决定继续在不美满的婚姻中纠缠。8%的人说,由于缺少钱,他们决定离婚或分居。另外,总调查样本中,有超过1/4的人的个人生活受到财务状况的严重影响。离婚对一个人的财务状况有极大影响,对女人尤其如此。根据苏珊·雅各比在《现代老人》上刊登的文章,70%的离婚单身男士说他们可以从现有收入中节省一部分钱,而设法存钱的离婚单身女士只有59%。认为自己收入属于中等以下的离婚或分居女士是此类男士的两倍。没有哪个理财顾问想把这些数据直接摊在客户面前,这些数据可以让我们认识到,帮助客户有条理地制定财务计划将会深刻地影响到客户的生活图景。

富人和成功人士

建立主要由富人和成功人士组成的客户群是所有金融服务公司和金融专业人士的业务目标。富人和成功人士不仅经常与钱打交道,而且不断积聚财富,所以在这一小节,我们会着重介绍富人和成功人士的生活需要与渴望。由杨克洛维奇公司开展的凤凰财富管理调查让社会新贵们的生活逐渐浮出水面,并显示出他们需要一些金融人生规划的对话。在这次调查中,富有的标志是拥有100万美元资产,不包括首购房屋资产。这个层次的富人表达了以下心声：

- 76%希望花钱能够增加阅历，比如旅游和度假。如果理财顾问啰里啰唆劝他们节省这笔花销，而是为退休储蓄更多的钱，他们会愿意与这样的顾问建立合作关系吗？

- 2/3的富人感觉自己过于忙碌，无论多么苦干，都不能找到足够的时间做完所有需要完成、想要完成的事。这听起来是不是需要进行人生次序优化以及人生规划？在这个高净值人群中，制定人生规划的还不到一半。在制定规划的人当中，完全执行规划的不到40%。

- 高净值人群认为自己有责任向慈善机构贡献自己的时间和金钱；83%的富人表示，每个人都应该向慈善事业贡献时间，90%的表示他们每年都向慈善事业贡献至少5 000美元。作为理财顾问，你能够如何帮助客户实现参与慈善事业的愿望并履行对社会的责任？

- 81%的富人打算支付孩子的大学费用，36%打算资助孩子的研究生教育费用，25%计划在孩子大学毕业后仍然提供资助。他们计算过这么做的成本吗？做过相关安排吗？是否已开始实施计划？如果理财顾问能够使这一流程自动化，将会减轻这些富人为人父母的负担。（具有讽刺意味的是，超过40%的富有夫妇担心自己的孩子被宠坏，担心他们不赞同自己的工作道德。）

- 只有32%的富人认为自己的财务知识足够"渊博"，20%认为自己对股票市场很在行。对于那些愿意担当教育者和教练的理财顾问来说，收获时节已到，只待收割。

第9章 金钱的意义

接触高成就人士

你认为富有的高级管理人员需要什么？根据凤凰财富管理调查，理财顾问在高级管理人员这块领地上仍然可以大显身手。尽管身价上百万，但与其他高净值人群相比，高级管理人员感到的压力更大，对自己的财务前途更是感到不放心。他们似乎付出了很多，才换来了今天的财富。在这些高级管理人员中，74%表示他们需要寻找出路，减轻生活压力；64%说，自己正在寻找重新控制生活的方法。猜猜，他们认为怎么改变生活方式才可以让自己重新掌控生活？成为非在职人士！

2%表示希望提前"退休"，但不是传统意义上的退休。超过90%的高级管理人员期望能够完美地过渡到"顾问"生活，或其他可以让他们更能控制自己时间的工作方式。可见，如果理财顾问能够开展相关谈话，并和客户一同制定旨在实现这一工作转型的计划，毫无疑问可以赢得高成就人士的忠诚。

另外，45%的高成就人士认为自己花费了过多的时间来挣钱，却没有足够的时间来享受它。88%表示他们有责任为社会做贡献。这听起来好似一群人实现了物质上的成功，却没有实现人生的圆满。同时，他们也感觉到为了实现这些物质上的成功而付出的代价实在太大。他们已经准备好，正打算和顾问谈谈如何使用金钱并好好享受生活。

生活是中心

前面对各类客户群的描述说明，在客户心中，生活才是他们关心的重点。理财顾问要想与客户之间建立合作关系,就必须围绕生活与客户展开财务方面的讨论。人们将钱看作一种手段,有钱就可以构建自己想要的生活,并避免不幸。如果理财顾问凭借自己熟练的技能,给这些潜在客户描绘出生活前景,并帮助他们实现这一前景,这些潜在客户很快就会与理财顾问建立业务联系。客户的钱对客户自身而言意义重大,因为钱意味着他们可以实现自己的目标。另外,有什么样的价值观念体系,就有什么样的挣钱方式,并且其中一部分钱好似种子,可以作为留给子孙的遗产。可见,为了串联客户生活的各个方面,理财顾问需要设法了解客户使用钱的预计目的是什么,是怎样的价值观念在为客户创造资产,以及客户打算留下多少遗产。

在人生规划这一革命性的发展趋势中,没有哪一职业能比理财顾问占据更为有利的地位。涉及人生规划这一话题并没有改变理财顾问的传统角色,而是将讨论内容转向客户投资最多的领域:客户自己的生活。

第10章

财富的矛盾

人们说他们想变富裕,然而他们真的变得富裕了吗?人们说如果他们拥有的能比现在稍多一点,就会感到满足,但是他们会感到满足吗?人们说钱买不到最重要的东西,然而他们真的认为会是这样吗?其实只要说人们是在为钱的事情感到矛盾就足够了。我们不时陷入困境,不得不在处理与钱有关的事情上协调我们的信仰和行为。我们需要钱,然而在内心深处,我们中的许多人则害怕富裕会对我们的性情和人际关系带来负面的影响,一些人甚至在财富增长时苦苦找寻一种满足感。我们说钱买不到会给人带来真正快乐的东西,然而实际上我们还是期望有钱。这就是我们面对财富时的矛盾。

我们的灵魂和钱包似乎一直在为争夺头脑的主导权进行一场持久的角力。如果人们想要对金钱的意义给出一个哲学般透彻的解释,他们必须把一些问题拿上台面并尝试解决。

- 财富的实现会改变我吗?如果是,它会如何改变?
- 财富会带给我满足感吗?是或否,为什么?
- 当我说钱能买什么或不能买什么时,我是否忠实于自己?我是否为现在想买的东西（有形的和无形的）而急于求财？

　　因为人们不时在为金钱感到矛盾，所以他们的行为也时常与自己的意愿背道而驰。这使他们的朋友、理财顾问以及他们自己都感到困惑。为了使金融人生规划进程清楚明了，顾问很有必要了解这些普遍存在的矛盾。在这一章里，我们会揭示这些矛盾在何处最为明显并帮助顾问设计与客户之间的对话，使顾问和客户都能够轻松参与。

　　矛盾是两个对立观点的平衡。双方都包含真理，所以最终产生了平衡。今天人们所面对的是与寻求财富有关的内在平衡。这或许是因为他们都生活在这样一种文化中：每年市场上都会出现许多详细讲述关于普通人如何成为富翁的畅销书（教你致富），同时又有很多告诫我们应该知足并关注内心灵魂方面的自励书籍。

　　这些矛盾的事实筑就了困惑、摇摆以及不满情绪的基础。在我们的文化生活中，这些内在的矛盾使一些人放弃了内心的平和，开始热衷于财富。然而还有一些人，他们学会了如何在生活中争取平衡：寻求在两种矛盾之间的均衡点。他们尝试以一种平和的心态追求财富，他们在找寻一种更全面的财富的感觉，也许可以称之为"真正的财富"。让人们逐渐认识到富裕的矛盾看起来很重要，理由只是因为由于缺乏这种认识，他们不断破坏自己的财务健全性或精神安宁。

　　在这一章中，我们会讨论3种矛盾的思维模式。

- 我富裕了以后，我会喜欢那时的我吗？
- 当我达到自己的财产目标时，我会真的感到满足吗？
- 我是否真的认为钱是买不到快乐的呢？

关于财富的个人哲学

财富的获得会让我变成自己不喜欢的那类人吗？在我心中是否存在一只由财富释放出去的怪兽？由美国退休者协会（AARP）委托的"金钱和美国家庭"研究项目表明，第一种思维模式中存在的矛盾已成为一种社会心态。当被问及如果一夜暴富成为百万富翁，他们会怎样利用这些钱时，人们会回答说帮助家人和朋友，为自己的将来做准备以及捐给慈善机构。然而，这种回答其实表明了许多美国人对财富看法的双重性。压倒多数的被调查者都说，他们相信财富更易使人麻木、贪婪，并使他们觉得自己高人一等。从字里行间你就能发觉，美国人虽然说他们想变得富有，但却不想被打上其他富人的烙印。这个矛盾或许就是成功学书籍（教你致富）上面为什么总说普通人如何变富的原因之一。或许人们想在变富的同时仍能保持原有的价值观以及对待他人的态度，他们也想让其他人觉得他们没有因为财富而发生改变。

许多人害怕太多的钱会导致自己变得高傲、麻木、无情和贪婪。人们质疑富裕可能给自己带来的影响，是因为看到了他人的改变，还是有时会从自己身上发现这种变化？如果人们害怕感觉高人一等，是因为他们受到自负的冲击，还是因为不时觉得比那些地位不如自己的人高贵？如果他们害怕有钱后会变得无情，是因为受到无情的富人欺侮或者自惭形秽，还是因为他们有所求才不时向他人示好？如果贪婪被看作是伴随财富而来的问题，难道它现在就不成问题吗？难道贪婪不是所有收入阶层普遍存在的诱惑吗？

许多人在受到成功人士轻视或粗鲁对待时经常为自己的谦卑感到痛苦。他们急需财富为他们带来舒适，他们憎恶其他人对自己的看法就如同他们自己看待那些瞧不起他们的富人一样。因此，并非所有人都想变富。实际上，美国退休者协会的研究表明，有三分之一的美国人都不愿变富。在成年人中尤其如此，有60%的成年人说他们不愿变富。是因为他们在生活中经历了更多为富折腰的事情吗？或者也许是因为他们更能满足于那些更简单的生活方式？还是二者皆有？

一些理财顾问或许会得出一个结论：往往是那些没有机会变富的人说他们不愿变富。我们期望他们中的某些人如此，然而并非所有人都会如此。顾问的工作在于在客户的风险承受范围内优化客户的收益潜力。人们并非针对富裕而是对随之而来的声名感到不适而已。理智的人不会拒绝额外收入，因为他或者她能随时放弃那些随之而来的名声。对顾问来讲，这或许只是选择一个最能让客户感到舒适的财富表述而已，当然，如果客户自己能作出选择，那自然再好不过。

无论客户的定位如何，他们都有自己觉得舒适的财富定义，这正是顾问制定一个符合客户要求的计划的出发点。所有答案都指向一个问题：顾问要花费多少代价才能到达这一步？如果客户抵触拥有太多，他或她最好在律师那里解决这个问题，而不是在顾问这里。顾问只是在努力创造一个环境和对财富的表述，以此与客户建立起联系。如果顾问与客户的想法一致，顾问将更有可能负责客户的全部理财事务，并与客户间保持长久的合作关系。

也许讨厌财富概念的客户应该了解到那种想法多是基于他们自己的虚构和成见。那些被惯坏了的、含着金钥匙长大的、继承了丰厚遗产的富翁，一点都不符合现代的财富模式。根据托马斯·斯坦利与威廉·丹科在《隔壁的百万富翁》一书中所言，80%的美国百万富翁，都是自我创造财富的一代，他们只是努力奋斗并赚到了一笔财富的普通人。

我有一个当医生的朋友，他会告诉你即使一年能赚到25万美元，他也不愿意变得富有。他的生活相对简单，收入的80%都捐给

第10章 财富的矛盾

了各种慈善事业。从顾问角度来看,如果每个人都像他这样不想变富那将是一件极其糟糕的事情。如果客户的资产已经超出了他或她的生活所需,顾问就可以朝着慈善事业设计的方向延续与此客户的对话。在这个医生的例子里,他选择了一种与众人截然不同的对财富的定义。

永远没有满足感

财富矛盾的第二种模式是人们获得的越多,越不能感到满足。问问你的客户对哪种收入水平感到满意,他们很可能告诉你一个比他们现在的收入水平更高一级的数字。收入5万美元的会对收入75 000美元感到满意,收入10万的会对收入15万感到满足。以此类推。你会不由自主地得出结论:在客户心里,财富的标准总是不断向上发展变化着的。也许这与第一种矛盾模式有些关联,人们不愿被标志成富人。对财富的这种不满有一个终点吗?显然没有。最近的一项研究表明:富人们(资产超过百万美元)表示一旦收入达到百万门槛,他们便会立即产生更高的目标。

多富才算富

根据凤凰财富管理的调查,人们往往将富裕定义在现有状况的一、二级之上。净值在100万~400万美元的人中,大约有一半人不认为自己富裕,除非他们的净值能达到500万美元以上。将这个结果告诉你的那些每年能挣75 000美元的客户。如果你这样做了,他们会嗤之以鼻,并告诉你这是一个多么可笑的想法。然而他们却在另一个收入水平上,体验着同样的令人不满的状况。在谈到许多人心中的富裕总是离他们有着一步之遥时,我们毫无疑问、明明白白地知道,那不是资金状况出了问题,而是心态出了问题。

前面所提到的美国退休者协会的研究,根据受调查者的态度,将其分为以下5类。

第1类,收入最低者。他们几乎一无所有,但希望获得大量财富(占受调查者总数的6%)。

第2类,美国梦者。他们拥有一定资产并愿意获得更多(占受调查者总数的21%)。

第3类,卓有成就者。他们拥有大量资产并想获得更多(占受调查者总数的24%)。

第4类,安于现状者。他们觉得生活舒适且不再希望能够获取更多(占受调查者总数的38%)。

第5类,反对富裕者。他们几乎一无所有却不想拥有更多(占受调查者总数的11%)。

你可以将前三类加总(占受调查者总数的51%)并归为"想拥有更多财富的人",他们的收入水平各不相同。收入最低者拥有财富最少而卓有成就者占据了其中最大比例的财富。收入最低者对金钱的价值有着最强的信念,却缺少他们看得如此之重的金钱,他们似乎也缺少教育和积极生活的朝气,他们好像总是感到不满,不愿意全力以赴地投身于生活。

美国梦者是最年轻的一类(他们中有三分之二都不到45岁,并且很多是少数民族),他们尝试积攒财富,却苦于负担高额的信用卡债务。

我们可以发现,在所有的类型中,卓有成就者无疑拥有财富并相信这是成功生活的重要组成部分。然而我们惊讶地发现,这三类人(想拥有更多财富的人)一共只占据受调查者总数的51%。我们预期他们将来能占据更高的比例。

49%的受调查者属于感到满意的一族。安于现状者对现有的经济状况十分满意,并且不愿拥有更多。这些中等收入、有家有室的人并不认为金钱是衡量成功的唯一标准,并对自己是否要成为富翁感到十分踌躇。

最后一类则是那些反对富裕者。他们坚决反对物质主义,并在生活中深受缺少金钱的影响。他们收入很少却又债台高筑(反对物质主义?!),因为缺钱许多人不得不放弃教育、医疗和养老计划。

金钱与心态

对上述五类分组加以仔细研究之后,金钱的矛盾便能很快浮出水面。你会马上意识到从某种程度上讲,所有分组都反映了:财富矛盾中不协调的态度和行为。

- 70%的收入最低者认为赚到很多钱是实现成功生活所必需的,然而他们中的多数(90%)都没有受过大学教育,并且年收入在3万美元以下。
- 美国梦者希望得到更多,但现实往往让他们失望。他们承担了高利率的信用卡债务,许多人投资彩票多于养老项目。
- 98%的卓有成就者在为他们自己感到满意的生活努力工作,然而他们也是最希望能够拥有更多时间和更少压力的人。
- 80%(所占比例比其他种类都多)安于现状的人都说他们在为将来积蓄并投资,然而他们也说并不急于获得和拥有更多的财富。
- 反对拥有财富的人也许有一种"吃不到葡萄就说葡萄酸"的心理。一方面是支持非物质主义,另一方面又身负多种信用卡债务,两者间的矛盾一目了然。

所有类别中,安于现状者也许是最快乐的。他们收入在30 000~75 000美元之间,但是似乎实用主义和感激是他们达到满意度的关键。72%的人说他们的收入一般,但一般足够了。90%的人说他们乐于现在所能承担的生活。他们学会以自己的方式生活。他们中超过四分之三的人都认为自己比父母更加富裕。

金钱能买到的 VS. 买不到的

人们经常引用一些老话,比如金钱买不到爱情、健康和朋友等等。然而,我们很想知道人们是否真的信服这些话,或者只是喜欢它们的表述方法而已。财富矛盾理论的另一个方面就是,人们说的钱能做或不能做什么与他们如何花钱的根本动机之间存在着脱节。让我们看看人们说钱能买到或不能买到什么,这样根本的矛盾就会更为清晰。

钱能买到的

当问及你的客户希望用钱买到些什么,他们会告诉你许多东西。但有4种是最常被提及的,那就是自由、安全、刺激以及更少的压力。毋庸置疑,适量的金钱的确能给人们提供更多的选择机会,然而有太多的人一生都只忙于赚钱,以至于放弃了所有的自由,成为了金钱的奴隶。他们希望将来能够拥有一些东西,结果反而受到这些东西的束缚,他们太过于信仰金钱。当他们有钱并想为自己减轻压力时,却发现生活中有太多地方需要改善,他们也许永远都学不会该怎样放松。在一定范围内,金钱能买得到自由、刺激的体验以及压力的释放,然而,世界上有很多人并不十分富有,但他们一样能拥有这些东西。如果不能尽情享受你的旅途,你是很难获得到达

第10章 财富的矛盾

目的地的喜悦的。

钱买不到的

人们也急于告诉你在生活中金钱买不到精神上的回报,但我们的社会调查则显示出了矛盾的存在。人们会告诉你金钱买不到爱情,但你什么时候看到过一位贫穷、秃顶、超重的中年男子与一个美貌女子走在一起?是什么预期能够促使上百万人"投资"于整形外科手术?

人们说金钱买不到自尊和自我实现,然而许多人也说金钱能让他们觉得成功并给予他们追求获得自我实现的机会。

人们说金钱买不到家庭团聚,但有多少人只为能有更多的时间与家人在一起这个简单的理由而期望拥有更多的钱财?缺少与自己关心的人在一起的时间,是今天这个社会所面临的最大压力之一。

人们会说金钱买不到健康,但你曾为年老的亲人安排过生活吗?如果你有过,你就会很快意识到,你拥有的金钱与你得到的服务质量之间的关系有多么重要。上百万人都得不到药品、医疗保健以及所需的服务,只因为他们负担不了所需要的费用。

最终,人们会说金钱买不到心态的平和。但那些有钱人支付得起心理学家、职业教练以及其他诸如此类的指导者的高额收费。他们的行为表明他们期望金钱能把自己从生活的高压和束缚中解放出来。阿农就曾经说过:"金钱不会使人快乐,但贫穷更不会。"

这里的意思并不是说"金钱买不到爱情、健康或者良好的关系"这句话完全没有道理,然而,我们想要指明的是,许多人只是嘴上说说,实际上却深信金钱能解决所有问题,无论以何种方式。

我们从人们与金钱的关系中可以得出一个必然的、无可否认的结论,那就是:绝大多数人在处理他们与金钱之间的关系时都进行着一场持久的角力。矛盾总是存在的,是是非非之间总存在着不确定因素和紧张状态。人们想要变得富裕,却没有做为了达到富裕而应该去做的事情。他们嘴里说不想变富,却打心底深深向往它。他们说达到某个经济目标就会得到满足,然而并非如此。他们完全不能认定金钱是善是恶。他们看到了金钱能做的事情,也看见了没有钱照样能完成这些事情。因此,在内心里,多数人对金钱都存在着矛盾观念。

虽然客户对金钱所能获得的东西感到有些矛盾,但是他们对生活的期望却更趋于坚定。不管怎样,客户对自己的生活的期待正是理财顾问业务的出发点。

第11章

重新定义今天的退休生活

试想你是一名生活在100年前的铁匠,你的铁匠业务因为你为社会的主要运输体系提供了不可或缺的服务而非常红火。一天,你出门时看见一台声音很大的怪玩意正沿着主路下来,人们称它为无马机车。"哈?"你满心看笑话地想,"这玩意真有一天能用上就好了",然后就回去工作了。10年后你的业务规模只有曾经的一半,20年后,业务已不复存在。作为铁匠,你没有意识到客户在接受新事物上的心理关键,如果有一种更有效的生活方式,尽管它代表着一种全新的挑战,客户仍会选择它。许多像你一样的铁匠都觉得这种机动的新设备人过复杂、脱离实际、未被多数消费者认可而忽视了它。

大众产品的市场不会一夜枯竭。转变在开始时总是表现为点滴水珠,慢慢汇成缓缓细流,多年后再聚成湍流,最终成为河流,而这时的滔滔之水已完全可以预测。成功的商人永远保持着思维的活跃,根据潮流变化来改变他们的产品和服务。早在100年前,精明的铁匠就拓展了他的业务,既包括修理马车也包括修理机动车。在拓展业务的同时,他还不断了解、学习新的汽油发动机。那些只将目光放在砂轮及以往商品和服务项目上的铁匠必将在某一天被新的技师取代。

你今天售卖的产品和服务是否听起来仍如10年或15年前一样先进？你的产品和服务能否与人们希望的生活方式产生共鸣？当客户的需求发生了改变时，这些问题的答案对你的业务成功与否至关重要。

旧的生活模式遵循一种简单的样式。

- 你人生的第一部分时间用于学习。
- 你人生的第二部分时间用于工作、赚钱。
- 你人生的最后一部分时间（退休后）用于闲暇和旅游。

这种生活模式正逐渐被抛弃，或重新设计、调整成一种更合适的生活模式。现在的潮流已证明人们的生活轨迹发生了巨大的改变。

- 潮流1：大量老年人返回校园学习，成千上万的老年人"退休"到大学城而非传统的退休居住地。
- 潮流2：许多退休者成为企业家并重温了旧时的梦想和激情。
- 潮流3：许多人在他们赚钱的黄金时段放缓速度，以获取更多时间陪伴处在个性形成时期的子女们，他们不想再为眼前物质生活水平的提高而放弃父母对子女的影响，他们觉得自己能在孩子长大后再赚回这笔钱。
- 潮流4：许多人调整他们的生活环境，寻求更有意义、更有满足感的工作方式和更有序的生活方式。
- 潮流5：超过50%的退休者都在厌倦了完全闲暇的时光后继续工作。
- 潮流6：工作后周期性的休假理念在高收入和高成就者中得到普及，他们认为这些休假对他们恢复活力以及思考生活方向非常必要。

第11章 重新定义今天的退休生活

- 潮流7：在所有年龄段，尤其是在那些过了五十岁的人当中，冒险旅行和学习旅行很流行。
- 潮流8：移居美国西南部的人不断减少，更多人退休后待在自己的居住地。

下一步，看看你自己对以下人口和社会变化有什么看法，问问自己它们对你将来的业务意味着什么。

- 美国人年龄的中数是35岁并且逐年变大。
- 工作场所面临着隐约可见的经理和高级管理人员的流失，阶段性退休规划开始被提供。
- 和50年前的潮流相反，65岁以后仍然工作的美国人其数目在不断增加。
- 因为许多公司减少了养老金和医疗福利，许多年老的职员不能负担全部的退休开支。
- 随着对社保收益限制的废除，在65岁以后继续工作的一个主要经济障碍消失了。
- 婴儿潮一代的许多人继续他们奢侈的消费，他们不想等到年老后再享受。
- 80%婴儿潮一代的人说他们打算退休后以其他形式继续工作。
- 三分之二的美国人说他们因为工作繁重感到压力甚大。

从上述事实和发现你能得出什么结论？你能从中预测到这些事实和发现对你售卖的产品、提供的服务以及你的运营方式会产生什么样的影响？一个值得提出的问题是：传统的退休规划是否正走向消亡？如果你的业务集中于传统的退休规划，那么它是否也处在同一道路上走向消亡？

时代在变

许多人认为传统的退休概念无可避免地过时了,人们不必再将它用于生活。许多人还认为时代变化如此之快,"退休"这个词甚至都不再适合了。如果人们不再与这个概念或者甚至不再与这个词有关联,那么他们要多久才能拒绝导致产生该概念的过程?

由于一系列生理、心理以及智力因素,延长工作生命成为可能。

- 今天人们活得更久、更加健康,老年生活更加活跃。
- 人们开始将提早退休看作一个供他们追寻无人监管的儿时梦想的"中年"舞台。
- 知识资本而非人力成为我们的主要赚钱方式。
- 研究表明,智力上的激励和有目的的追求对老年生活能否幸福至关重要。
- 除了休闲之外,许多退休者在退休后同样追求"再创业",他们将退休看作一个重新定义自己和发现自身潜力的机会。

所有这些因素都没有逃过 7 700 万婴儿潮一代的关注。他们这一代人经常胡乱消费和只重眼前的心态让金融服务业感到沮丧。但总的说来,这一代人看到了传统退休的本质:一个过时的不再合适的概念。

《新退休理念》一书清晰讲述了退休的理念从何而来以及怎样在美国文化中站稳脚跟的历史。这一理念是由德国的俾斯麦首相于 1875 年提出的,当时男人的平均寿命为 46 岁,而退休年龄定为 65 岁。作为大萧条时期让年轻人替代老年人工作的一种方式,该理念于 1935 年被罗斯福政府引入美国。在工业社会,这是一种合适的理念,那时年龄对生产力有很大的影响。促使罗斯福政府这样做

第11章 重新定义今天的退休生活

是发生在意大利和德国由类似就业问题导致的墨索里尼和希特勒掌权的事实。在1935年,男人的平均寿命为63岁而退休年龄定为65岁。

通过观察传统的退休模式,你会清楚地发现当时的退休阶段只被设计为2～3年,而非20～30年。如果人只期望活到63岁左右并在62岁退休,那么完全放纵于享乐休闲或许是合理的。然而这种追求在面临20～30年的退休生活时并不合理。如果有人55岁退休并活到百岁又该怎样呢?这是一个长达45年的退休生活!社会正在苦苦找寻一个可以表述这段生活的新词,因为许多人觉得传统的概念不再相宜或可靠。

那么退休储蓄业用旧有不变的计划和方式与客户交流还能持续多久?根据杰奎琳·奎因的《退休的蜕变》一文所言,持续时间应该不长了。她写道:

因为对退休的看法不可避免地继续发生着变化,一些人会主张,今天的理财规划师有必要采取一种全新的方式来彻底改造退休规划。人的生命延长了,旧有的对客户退休生活进行单独规划的模式已经过时。退休规划的范围变得更大更宽广,不仅包括退休后的经济状况,还包括客户的生活方式(包括种种非经济因素)。规划师如今不只帮助客户进行退休规划,还帮助他们安排怎样度过退休生活。

理财生活

如果你的退休规划只包括在多大年龄拥有多少钱,那么你只是在帮助客户准备"模拟终点线"。生活并非在62岁结束或开始。许多客户从事他们不喜欢的职业,只期望为他们62岁想做的事存上足够的钱,这些人相信生活从62岁开始。还有一些人只为62岁退休后的生活做经济上的准备，没有为以后如何利用他们的时间、知识和能力制定任何计划，这些人显然没有为他们62岁以后的生活做好准备。今天的退休者渴望过一种更丰富、更充实的生活，理财顾问需要并且必须为客户制定适合这一现实的退休规划，提供更符合客户实际情况的产品和服务。

《美好的退休生活》的作者麦克尔·斯坦提出，退休是"生命中从因为经济原因赚钱过活转向为了实现心中的自我价值目标而贡献社会的一段时间"。当人们将他们的心思和金钱移向位于金字塔顶的自我实现时，婴儿潮一代人的退休就成为对马斯洛"需求等级"理论的经典阐述。今后的规划师将发现他们会和两类有着自知之明的客户打交道：(1)一类客户想要拥有有意义、平衡的生活，并在经济上负担得起这种生活；(2)另一类客户也想拥有有意义、平衡的生活，但在经济上却负担不起。实际上，金融人生规划研究所（网址是www.financialifeplanning.com）开发了一种退休生活对话，称为"马斯洛退休需求"，用以帮助客户们看到人类情感需求与经济需求间的相关性。

下一章会探讨工作在这两类人生活中的地位。客户能承担全部退休生活开销并不意味着他应该完全退休。如果人们对在生活中追求意义和获得平衡感兴趣，那么每个人都应该考虑他们工作所得是否仅仅是一张支票，这很重要。许多人退休后继续从事有挑战或激励自己的工作（有偿或免费，兼职或全职），这是获得快乐、有益、令人满意的退休生活的关键。那些不能承担全部退休生活开销的人需要有人帮助发掘一种工作生活模式，以帮助他们找到感兴趣的工作和获得期望的平衡生活，同时，还能得到维持渴望的生活方式的必需收入。

理财顾问与客户之间的对话需要明确地从我们需要多少钱才能到达那条模拟终点线，转向当客户到达那条线后我们应怎样设计他们想过的生活。如果对话能帮助客户去掉这条终点线并开始向

第11章　重新定义今天的退休生活

他们希望的生活转变就更好了，这会帮助客户以他们能够适应的速度追求他们的喜好。研究表明，未退休者中只有15%的人对传统的退休有兴趣。你会怎样帮助其余85%的人重新定义他们的退休呢？未来的退休者不希望退休就意味着传统退休中的结束。

对话在谈论模拟终点线的最后，总会涉及钱的问题，理财顾问必须让客户意识到传统退休模式与当前退休模式间的差别。顾问与客户间的对话需要转到自我实现的领域，这是大部分将要退休的人最为关心的领域。然而，记住这个将退休作为自我实现阶段的全新定义并不只限于60岁以上的人群。自我实现是婴儿潮一代人的推动力，同时也是后婴儿潮时代人们职业选择的基础。

退休的重新定义提出了许多问题，可以扩展顾问和客户之间的对话。考虑图表11.1中的问题。

图表11.1　思考问题并得出结论

练习1：我对退休的看法

- □是　□否　我盼望退休的日子。
- □是　□否　我希望我的退休生活与父母所经历的有很大不同。
- □是　□否　我不愿做一个退休后无用的人。
- □是　□否　我担心退休时没有足够的钱。
- □是　□否　我想知道退休后我将怎样安排自己的时间。
- □是　□否　我担心退休时社保已经不复存在。
- □是　□否　我没有考虑退休后想做些什么。
- □是　□否　我喜欢忙碌并在退休后继续工作。
- □是　□否　我担心退休时健康状况不好。
- □是　□否　我对从当前职位退休后怎样利用自己的时间和精力已经有了清晰的规划。

图表 11.1（续） 思考问题并得出结论

练习 2：个人意见

1. 对于退休我最期望的是什么？

   _____
   _____
   _____
   _____

2. 对于退休我最关心的是什么？

   _____
   _____
   _____
   _____
   _____

上述问题与退休的重新定义息息相关。第 6 章对这些问题有一个更为全面的表述。重要的是要认识到对退休的重新定义最终会促成对理财产品和服务的再定义，并改变顾问与客户间的合作方式。

明尼苏达州埃迪那市信托投资公司的注册理财规划师罗斯·莱文，讲述了一个关于退休转变的故事。这个故事非常适合将自我实现作为目标而非只是在特定年龄赚到多少钱的模式。罗斯说，一位 53 岁的客户卖掉了自己的公司，但仍然关心有利于自己生活方式的投资资产。罗斯与这位客户的对话并未探讨回到原有事业上继续工作的话题，而是将他导向过去想从事的公共服务业。除了薪水有所减少，该客户在收益和自我实现层面上都很满意。当面对这种场景时，有多少顾问只会告诉他的客户还需要工作多少年来筹备他的养老储备金？

上面提到的那位客户正在进入一个或许有 40 年的退休历程。

第 11 章　重新定义今天的退休生活

顾问应了解客户的退休生活模式，并尽可能提供更多的自我实现和自我满足方案，这一点至关重要。目标不只是金钱，今后的客户将会更多地以他们的自我价值而非资本净值、以他们的贡献而非他们的所有来衡量生活质量的提高。

退休太早

如果你仔细调查退休是如何被重新定义和改造的，你将能更好地与今天的客户交流并产生共鸣，尤其是与7 700万很快进入传统退休年龄的婴儿潮一代人。退休太早网站，网址是http://www.2young2retire.com，列出了重新改造退休的方式。其中的一些是：

- 停止在你的词汇里使用传统意义上的"退休"这个词。
- 理解在人类进化过程中退休是一个相对新的概念。直到一百年前我们的长者们不仅活力充沛，而且还因他们的智慧、见识和技能为我们所依赖。
- 就像增进你与爱人的关系一样，组织整理你生活中得到优先考虑的事并看哪一个对你最为重要。
- 再做一次学生。开始致力于获取新知识，寻找新的、富有刺激的挑战。
- 你的身边都是不断成长、积极向上的人，而非那些该做什么不做什么的人。
- 开始冒险。如果你尝试新事物并获得了成功，那就庆祝吧。即使没有成功，你也获取了宝贵的经验。
- 响应新的机遇。或许到那时，你才会意识到自己的所有潜力。
- 每天用你喜欢的锻炼方式重新给你的身体添加活力。
- 如果觉得儿时梦想仍然可行，重温且相信你现在能实现它。

- 将激情放在首位。这是一个凭借拥有的才智追求你的真正激情的时代。

这些观点可以表明客户如今怎样看待,或者至少是开始怎样看待退休概念。退休太早网站发起了一项活动,访问该网站的人都需要提出一个替代"退休"的词。下面是提交的一些意见:

- 复兴。
- 毕业。
- 娱乐。
- 重新部署。
- 重燃。
- 智慧。
- 提炼。
- 再生。

那些想要与时代保持同步的理财顾问应该为客户提供定义退休的机会。为了这个目的,新退休理念研讨会为顾问提供了一个交流讨论的平台。研讨会帮助客户从个人的角度定义退休,由此来界定和设计客户生活中追求的工作、娱乐、人际关系以及遗产。研讨会结束后,客户将他们的生活规划告知顾问,因为金融服务和安排对他们实现人生计划来讲必不可少。

如果你在字典里查找"退休"一词,你会发现它的意思是收回、撤销。知道今天的退休者并非收回、撤销的一类就足够了。今天的退休者想尽可能从生活中获取些什么。在19世纪60年代末,劳动力经济学家西摩·沃夫贝恩写道,婴儿潮一代人至少拥有五个截然不同的职业,注意是职业,而非工作。沃夫贝恩预言了一个再培训和再创造的时代,但并没有给何时何地结束培训一个时间上限。沃夫贝恩似乎对婴儿潮一代的自我实现方式十分了解。以前抛弃的年岁将被重新定义,一些用于消遣娱乐的时光将被用于个人的

第11章 重新定义今天的退休生活

再造。

想想广为流传的硅谷神话,所有的互联网新兴企业都是由斯坦福商学院20出头的学生创建的。伊恩·格林伯格在2000年6月12日的《工业标准》期刊中写道:"人们对新兴企业的普遍印象是它们直接来自商学院或者仍在大学宿舍。但实际上,创建互联网公司的人中只有9%在29岁以下。新兴企业创始人中四五十岁的人占了将近一半。加上60岁以上的人,年龄在40~60多岁的人占了58%。"

正如婴儿潮一代人渴望挑战,现在他们同样渴望工作和生活间的平衡。正是自我实现和真正带给他们快乐的事情的实现促使了传统退休模式的磨灭,以及在更加个人的层面上重新定义退休生活。只有理解这个典型转变并开始与客户进行再定义谈话的顾问,才能以一种新的、有力的方式与客户展开交流。今天就开始根据新的退休现实重新定义你的服务和方法吧。

第 12 章

工作的角色和重要性

年老的婴儿潮一代人倾向于一周至少工作 20 小时,他们会再找第二份工作并回到学校学习。

——小查尔斯·隆吉诺
森工大学老年医学研究教授

1900 年,人们的平均寿命是 49 岁,每 25 名美国人中只有一名能活到 65 岁。今天,每 8 个美国人中就有一位超过 65 岁,而到 2030 年,将会变成每 5 个中就有一位。在 1937 年,第一位社保申请人欧内斯特·阿克曼,一名来自克利夫兰的有轨电车司机,收到了总值为 17 美分的社保支付,只能买一杯咖啡或者一个面包圈。在那个年代,退休者只期望能再活一两年,所以他们最关心的就是在那一两年没有工作的生活中如何得到经济保证。今天,65 岁的人一般能再活 18 年。那些年龄在 65~74 岁之间的人是美国最富有的一个群体,其净值中数为 19 万美元。他们中 72% 的人说自己身体健康或者身体状况极好。因此,他们关注的不只是经济保证。

当被调查对退休的恐惧和失意时,未退休人群关心的退休和退休者面临的失意间存在着一个明显的差别。

第 12 章 工作的角色和重要性

图表 12.1　　　　　　　　退休前后的关注事项

未退休者	已退休者
1. 健康	1. 孤寂
2. 金钱	2. 健康
3. 烦闷	3. 金钱
4. 孤寂	4. 烦闷

图表 12.1 表明,未退休者最为关注的是健康与经济问题,然而已退休者将孤寂作为他们最大的担忧。孤寂就意味着孤单;与原来的同事、工作小组和机构分离;怀念他们的工作;感到落伍。我们注意到这两组人最大的差别是在经济担忧这个问题上,这非常有趣。

这种现象能否部分归结为,许多退休者开始认识到来自退休产品经销商的宣传夸大了经济上的不足和财务缺口?它也能被解释为退休者(多于任何其他群体)学会精简他们的生活消费以适应他们的经济收入吗?除此之外,我们还看见一些书和文章对将要退休的人解释说,他们能在年收入不到两万美元的情况下过上舒适甚至奢侈的生活。金融专栏作家保罗·B·法雷尔最近讲到,许多参加伯克希尔·哈撒韦聚会的富有退休者分享了他们怎样每年靠 15 000~20 000 美元过得十分舒适的经验。

这种思潮有利于强化这一观点:金融服务业偏执地聚焦于为了退休而准备过多的钱,并将退休描述成单一的经济活动。然而,当这种经济活动实际发生时,退休者很快发现对生活的担忧超过了对经济的担心,尤其是与他人及创造性活动的疏远,使退休者很难有自我实现感,他们难以体会到生活的意义所在,这让他们感到苦恼。

退休通常被定义为工作与不工作的对立。实际上,许多理财顾问假定退休计划的最终目标是免于工作。

然而,工作在我们的生活中履行了几个重要的功能。将要退休的人必须牢记工作不仅提供经济收入,还是社会生活、自尊或者社会地位、生命架构和自我价值认同的一个来源。因此,"新退休理念"的一个关键因素就是在生活的下一阶段如何替代工作所具有的这些功能。

与他们的父辈相比,今天的退休者对积极的生活更感兴趣,包括继续工作。那些即将退休的人,包括7 700万婴儿潮一代人,将退休看作开始一种新的生活、开发自身潜力、重燃旧时梦想以及影响世界的一个机会。民间智库公司总裁马克·弗里德曼认为这种新的观点有潜在的深远意义,并将在未来的二、三十年从经济和社会两个方面对美国产生影响。"老龄化社会给我们提供了一个巨大的机遇,"《黄金年代:婴儿潮一代将彻底革新退休理念,并改变整个美国》的作者弗里德曼说。他继续说道:"处于转型期的一代人正在重塑退休生活,婴儿潮一代人将会作出一些改变。"

注意在弗雷德曼先生的叙述中,他对现今那些处在重新定义退休的过程中却没有一个受公众注意的社会标志的退休者,以及婴儿潮一代人作了区分,这种区分很重要。借用欧洲的惯用表述,一些人将现处于56~70岁之间的人群称作"第三阶段年龄者"。实际上正是这些第三阶段年龄者而非婴儿潮一代人,设定了婴儿潮一代充分利用自己的退休从事工作和积极生活的潮流。彼得哈特研究机构的托马斯·雷勒的一句话很好地总结了该潮流与金融咨询机构间的相关性:"未来的退休者期望过一种更好的退休生活,他们确信自己将有多种收入来源并能过一种更为积极的退休生活。"

更好的生活

今天的理财顾问有必要就什么是更好的退休生活以及更为多样化的收入来源与客户间展开讨论。旧有的退休模式,即期望闲暇生活、有着三种收入来源(社保、养老金与投资储蓄),正被新的模式

第12章 工作的角色和重要性

所取代,即退休者追求兴趣和梦想,以及也许比其他三种收入来源即总额更大的第四种新的收入来源薪水。退休从闲置向重新生活转变。

加利福尼亚中部沿海地区的一位注册理财规划师和广播名人戴夫·克瑞顿曾讲过这样一个故事:

在上次东海岸的家庭聚会上,一些对话突显出来并仿佛预示着我们社会将出现一股大的潮流。首先是与我的四位60多岁的表兄的谈话。他们一点都不像我们传统中想象的60多岁的人。他们身体健康,尽管快要退休,但工作毫不逊色。他们都觉得自己精力旺盛,有使不完的劲,并计划继续工作,作出贡献。第二个对话与我91岁的叔叔马克斯和他89岁仍然每天在曼哈顿上班的妻子有关。马克斯仍在他的专业领域里探索。一些人问马克斯和他的妻子什么时候会像其他年纪相仿的人一样退休,他们回答说:"我们为什么要这样做?这就是我们的生活。我们喜欢这种生活!"

今天的退休者或潜在退休者想象的更好生活是一个丰富的整体而非传统的单一休闲模式。在图表12.2中,我们能看出未来的退休思维方式与旧有典型模式之间的区别。在旧有模式里,教育允满了前期生活,工作则在中年,而最后的退休时间就休闲自在。我将这种模式称为"疯狂人生设计"。这种模式正在被年龄统合的生活模式取代,在这种模式里教育、工作和休闲在每天的生活中是平衡的。老年人似乎更了解,只看见工作或只关注休闲是短视的,具有不利因素。没有工作相对比,休闲又有什么意义呢?类比莎士比亚的话来讲,如果我们的生活只有假日和运动,那么很快我们的假日和运动就会成为令人烦不胜烦的重担。

图表 12.2 生活分区

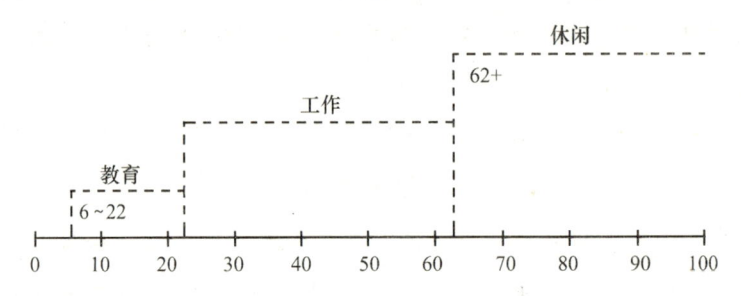

```
                                        休闲
                                        62+
                         工作
         教育
        6~22
   0  10  20  30  40  50  60  70  80  90  100
```

今天的退休者对工作的兴趣就像打高尔夫球一样。他们觉得自己很健康，他们中的许多人有做他们想做的事的物质基础，他们想获得自我实现感，展现自己的价值，他们仍然强烈希望通过有意义的方式运用他们的技能和天分。许多人觉得他们拥有天分，只是成年后一直藏而不露。对这些退休者来说，旧有的退休模式不再有用。一位退休外科医生戴夫这样表述：“为了某一天能做自己想做的事，我攒了一辈子钱。现在我达到了这个目标，想做以前从未做过的事情，然而社会上许多人却想告诉我我应该做什么。”

可以确信的是，无论这个年龄段的客户想做什么，都会对他们的理财规划产生积极影响。实际上，许多人都会赚足够继续生活的钱，因此他们的投资可以进一步增长或者用于其他兴趣上。我们将在第 15 章"遗产"里讨论其他种种兴趣。对未来的退休者来讲，慈善业会成为其越来越重要的关注领域，能帮助简化慈善捐赠流程的理财规划师将会发现意外的客户。一位名叫杰克·T 的注册会计师向我们讲述了他经历的故事。

我有一个客户，我和他就"工作退休"的可能性展开了一场对话，因为我注意到他似乎不喜欢旧有的退休模式。我问他哪种工作，哪怕只是兼职，他能一直做直至生命的尽头。他说工作必须让自己特别满意，他就能"永远"干下去。我们开始计算，在他的退休规划中加入兼职工作的潜在收入，结果发现如果他能在当前的公司

第12章 工作的角色和重要性

中担当顾问工作,他就能比预期更早"退休"。对这个前景他欣喜若狂。他与雇主商量,雇主接受了他的意见,因为他所拥有的专业技能对保持公司的竞争力十分重要,于是兼职安排达成了。我的客户比计划提前六年退休,他经常告诉我他对我们当时的对话感到多么高兴。

对许多第三年龄阶段的人来说,这可以让他们的退休生活比他们的前辈更有成就感,他们可以过上更好的退休生活。对80%的婴儿潮一代人而言,单从心理的满足感方面来讲,这种退休设计是必需的。对其他人而言,这种退休设计从经济和心理两个方面来讲都是必需的。甚至对那些具有前瞻意识的潜在退休人员来讲,他们中的大多数已意识到,继续工作会使他们比那些过着空闲、无聊的退休生活的同龄人更加健康、更有活力。理财顾问需要与其客户讨论工作退休的可行性,这个讨论不只是针对那些将要退休的人。

对45岁的客户,顾问就应与他们展开这种讨论,规划不久的将来,退休或解脱后的现金流状况及工作安排。这里用到了"解脱"这个词,是因为在这种情形下,它是对客户期望的更精确表述。不用看着每个客户并问"你想何时退休?"顾问可以试着问"你想要哪种生活",并帮助客户实现其生活目标。

阶段性退休

婴儿潮一代人想在退休后继续工作,与此同时,许多公司深受经验丰富的管理人员的不断流失之苦,这两种因素共同作用,会产生什么结果?随着有才能和经验的员工越来越短缺,许多人可以考虑以兼职工作或弹性工作的方式度过他们的退休生活。

美国人口统计表明,随着婴儿潮一代人接近退休年龄,美国公司开始体会到,人才流失的影响将要持续到下一个十年。后婴儿潮一代（1964～1980年出生）缺少接替婴儿潮一代人工作的人口数量。这种阵痛在主要由35～55岁熟练雇员占据的管理和行政职位上更为显著。在图表12.3中你会发现，随着人口老龄化和劳动力老化，人才的缺失会继续加剧。

婴儿潮一代人面临着一个绝佳的际遇。他们希望在退休后从事兼职工作而工作场所也迫切需要他们的专门技能。（为婴儿潮一代加一分！）对于他们的工作职责和计划，他们有着前所未有的谈判权力。

62岁的人寻求一个新的职位会很难吗？专家说不会。事实是，许多领域对有经验的人的需求比对合适的员工的需求更大。另一点是，婴儿潮一代人不会因为退休就不再消费，因此，他们的消费有助于支持经济增长和强有力的就业市场。

伴随阶段性退休的另一个好消息就是它给了那些没有足够积蓄的人充足的时间，使他们有机会从事一些不太忙碌、更少压力的工作，从而能够解决自己的经济问题。不致在退休后过早地用完积蓄的最简单方法，是分阶段退休而非一次性退休。在今后15年中，旧有的工作模式或退休的最后期限将被更有弹性、更有吸引力、更实际的阶段性退休所取代。

在一篇名为《再造退休，婴儿潮一代的风格》的文章中，在线记者赛奇这样描述阶段性退休：

新型的模式看起来就像下面描述的这样。你从原来的工作中退休，找到另一个职位，也许是兼职，然后做一些你喜欢做的事情。这可以是任何事情：从给公司当顾问到去社区大学任教，去古董店或书店工作。或许你赚的钱不如过去那么多，但这却是一个可以学会减少花费、还清所有债务的好机会。或许以这种方式无法实行攒钱计划，但可以使原有的积蓄得以保存，不致过早花光。在你逃脱无止境的竞争，享受一个更轻松生活的同时，这也给了你增长投资的时间。最终你将彻底离开这份工作，到那时，你便已经拥有足够维系退休生活所需的钱。

第 12 章　工作的角色和重要性

图表 12.3　　　　　劳动力的老化

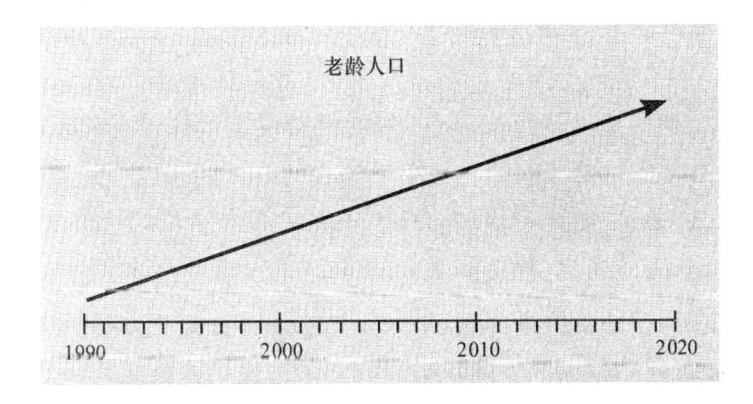

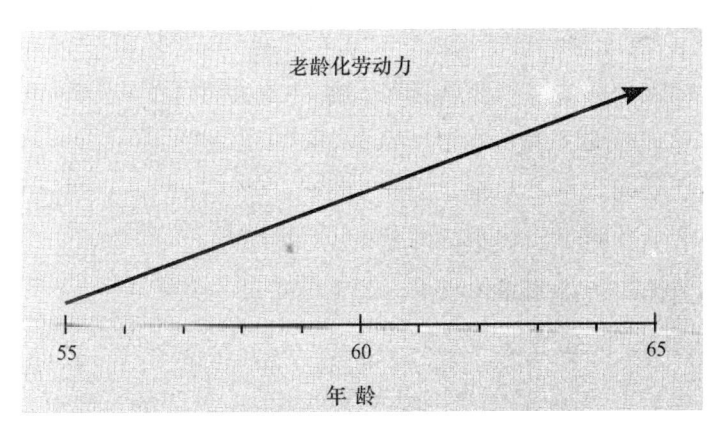

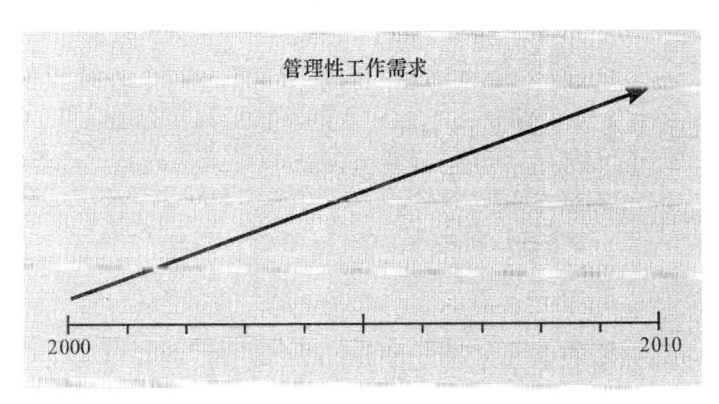

老龄人口

1990　　2000　　2010　　2020

老龄化劳动力

55　　　　60　　　　65

年龄

管理性工作需求

2000　　　　　　　　2010

随着越来越多的公司开始乐于接受阶段性退休,越来越多的员工能够与公司商讨这种协议。现在有大约10%~15%的公司提供某种阶段性退休安排,而更多的公司在意识到人口老龄化的威胁后,也开始关注这一项目。对雇员来讲,阶段性退休也并非十全十美,比如,许多雇员就意识到,公司提供阶段性退休,会降低自己的医疗保险福利。如果客户想要采取阶段性退休的方式,理财顾问就有义务帮助他从经济上把握这种新的途径。

顾问也有必要了解客户希望实现的工作退休模式。由盖洛普和佩恩·韦伯所进行的一项研究阐明了新的退休者想在退休之年所做的事情。在研究中,85%的被调查者说他们想继续从事某种形式的工作。他们的回答分为以下五类:

1. 只要还能从事现在所做的工作,我会继续工作。(占15%)
2. 我想创业。(占26%)
3. 我想找一个新工作。(占34%)
4. 我想找到工作与生活的平衡。(占10%)
5. 我想要传统的退休方式。(占15%)

有一类人想要一直工作到死;另一类人想做他们自己的事情;一类人想改变旧的工作,尝试一些新东西;还有一类人理解到要点所在:不能只为了钱而工作。全新的退休生活也受到现实条件的约束,即退休生活的经济保障问题。客户需要理财顾问向他们阐明利弊所在,以及怎样管理资产来实现这样一种生活。

获取一张快乐生活的支票

当人们和我谈及关于我退休的事情时,我的感情毫无波动。我一定是一个很受上帝祝福的人,因为我觉得在我的一生中,就我现

第12章 工作的角色和重要性

在所从事的职业,我几乎没有感到过自己是在像别人那样"工作",我太喜欢这份职业了。我时常告诉自己,如果我觉得是在工作那么我就会辞掉它。到目前为止这事还没发生过。

——雷,52岁

莱纳斯·鲍林,一位获得诺贝尔奖的研究者和教授在他九十多岁时还常常告诉他的学生:"试着决定你最喜欢做的事,你能享受乐趣的事,然后检验一下看看从事这件事能否让你过活。"这是一种许多人想要过的生活。他们想要一份职业而非一份工作,并且期望在工作生活中获得归属感;他们想要从事开心的职业,能让他们乐于早上起床的职业;他们想要获得一张快乐生活的支票。根据美国退休者协会的一项研究,80%的婴儿潮一代人都说他们想要工作退休,其中只有三分之一是因为经济原因。67%的人说他们想要继续工作是因为他们喜欢工作。

这些人知道旧的工作模式或退休的最后期限在62岁这一传统已经遭到废弃。在62岁时,知识资本并没有枯竭。今天的职员是"知识型员工"而且有着高度的适应能力,他们在许多竞争领域磨练出了过硬的本领。与其他人相比,在一些工作中,他们会享受到更多的乐趣或遭受更多的痛苦。许多人都形成了因为喜爱而投身事业的观点,即一份他们能从心理上和物质上获得双重回报的职业。不仅对那些即将退休的客户,而且对那些工作了足够长时间已清楚自己想要什么与不想要什么的客户,这都是他们生命中关注的焦点。

有一些40出头的客户想在生活中做一些别的事情。在这个年龄段的客户中,有些人过于投入工作并悔恨自己失去了很多陪伴孩子的时间。他们摇摆不定,不知道是应作出改变还是向现实妥协,不确定改变会给他们的财务状况带来怎样的影响。

一个好的理财顾问能够帮助处在这些状况下的人们作出选择。或许他们可以在收入上稍作牺牲,以有更多的时间陪伴年幼的孩子;或许他们可以成为独立契约者(自我雇佣)或者一周能在家办公

一、两天；或许某位靠工资为生的人能够在他的孩子或其他他所爱的人的人生重要时期从事兼职工作。显然，拼命工作，努力赚钱，牺牲人生中的其他所有关键需要，以在62岁人生之烛快要燃尽时拥有一份充足的养老储蓄，这样的传统观点已经过时了。

米歇尔·克林在他一篇名为《不再朝九晚五地工作》的文章中写过关于工作地点变化的趋势。根据他的说法，工作地点的托儿所和家务事假法不再有用，现今起作用的是独立契约以及弹性工作安排。IBM（国际商业机器公司）曾经禁止系花领带，现在允许主要的经理在家工作以平衡个人和职业生活，而这些经理在家更加有效率，因为他们能享受更多的平衡和安宁。关于独立契约，克林写道："每四个职员中就有一个告别了美国企业。多么幸运；他们比二战那一代有两倍机会每年赚取超过75 000美元，而只有一半可能每周工作40个小时以上。"

今天的员工，他们的首要目标是做自己喜欢做的事，在生活中找到平衡感。有许多40多岁的人已决定年老后他们想做些什么，有许多人对工作占用了绝大部分生活时间感到不满。如果理财顾问能够确定客户想要什么样的生活，并制定计划帮助客户实现这样的生活，他就能拥有一个感激不尽的客户，也是一个终身客户。

第13章

帮助客户设计退休生活

我可不打算搂着钱终老一生。

——霍华德，退休人员，74岁

《美好的退休生活：引导你迎接新现实》的作者迈克尔·斯坦表示："我已经得出结论，更多的退休生活之所以失败不是因为财务原因，而是因为非财务的原因。"在现代社会中，无数信息不断提醒着人们现在就要计划并准备退休生活。一直以来，许多人反反复复地告诉我们，我们需要为退休所做的唯一准备就是储蓄足够的钱。但是，一旦退休，人们就会立刻发现，虽然有一定的储蓄非常重要，但这远远不能保证他们过上幸福的退休生活。

退休生活的"肮脏小秘密"

如果我们还没有想好用金融资产购买哪种生活，那么我们有没有为未来制定理财规划又有什么差别？金钱本身并无价值可言，真正有价值的是我们使用金钱的方式，以此改变我们的生活质量。人们满怀憧憬、全力以赴直奔退休生活，不料却发现，热切的希望顿时破灭。原因是他们没有预料到非财务事宜的挑战，比如无所事事、情感疏远、大失所望以及失去生活方向。如果不及时解决这些问题，可能会造成人们酗酒、离婚，甚至过早死亡。在为《新退休理念》做调查的过程中，有许多关于退休人员的故事，他们的传统退休生活远没有想象中来得那么快乐。因为缺乏生活目标，有些人退休后不到一年就去世了，有些人则参加了高尔夫培训课程，妄图一夜之间就具有高超技艺，打出19个洞的漂亮纪录。而有些人的快乐退休生活很快就被家里的紧张气氛搞得一团糟。在丈夫退休后，一位妻子抱怨说："我嫁给他是为了和他同甘共苦，而不是为了那份午餐。我不需要他在房子里进进出出，然后告诉我应该如何安排壁橱。"

如果客户有机会更为全面地考虑自己的退休生活，那么以上绝大部分以及其他让人失望的事就可以得到预见并避免。理财顾问们总是不厌其烦地告诉客户为了养老应该如何正确投资，却很少提及退休后应该如何投资时间、精力和技能。约翰·瓦希克在《大器晚成的投资家》一书中写道：

> 放弃那些过时的退休观念吧，我们应该考虑新的退休理念。新的退休理念应该包括灵活的人生计划，它可以为你在理财、职业、身体、情感以及精神上的需要做准备。如果你不从整体的角度看待你的未来，光攒够一大笔钱是毫无意义可言的。

图表13.1中的人生平衡图，描绘了构成惬意退休生活的各个范畴。在这9个范畴中，一般的客户为哪一范畴做了充分准备？你是否曾遇见过，一些退休人员虽拥有大量的钱，却因为缺乏生活挑战而导致自己的体格不断下降？有多少人因为不再工作而无法获得心理上的满足感？有多少人真正想过退休后要住在哪里？有多少人曾考虑过，如果搬到新环境将不得不减少与老朋友的联系，结

第13章 帮助客户设计退休生活

图表13.1 平衡人生

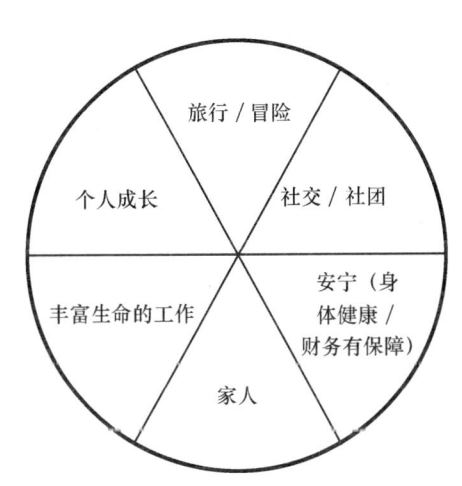

```
         旅行/冒险
   个人成长      社交/社团
              安宁（身
   丰富生命的工作  体健康/
              财务有保障）
         家人
```

交新的社会圈子？这9个范畴有助于退休人员及他们的配偶过上美满的退休生活。如果伴侣中有一方退休后感到不快乐，那么他的这种精神状态很容易影响到另一方对退休生活的看法。理财顾问曾告诉我们，大量客户抱怨说，退休生活并不是那么快乐，他们一直在努力调整，力图适应退休生活中的非财务事宜。这里有些例子。

- 一位理财顾问获悉，一名67岁的退休人员对自己整日无所事事表示痛心不已，随后，又为别人不再需要自己而感到失望、意志消沉。这位理财顾问评点说，与那些临近退休却没有足够养老金的人相比，他的状况更凄凉。毕竟，缺钱是一回事，缺少生活目标又是另一回事。

- 一位退休人员的妻子向理财顾问倾诉说，她的丈夫整日坐在家里无所事事，这让她感到头疼。她害怕他的身体会垮下去。

- 一位退休人员说，自己梦想着能在更温暖的地带享受退休生活，然而这个梦想却因为自己的伴侣无法适应不同的社会和文化环境而告吹。

- 一位退休人员退休后不久就开始创业,最终却又不得不从中撤出,对她的家人来说,无论在心理上还是财务上都是一场噩梦。

故事千奇百怪,而潜在的主题却大体相同:许多人正在步入退休生活,而他们关注的中心未免太狭窄。一个人的退休生活是否成功并不仅仅取决于他们的投资账户余额。图表13.1中的平衡人生图(来自金融人生规划讨论会)说明生活质量的提高需要在人生的九大方面都制定相关计划和策略。

- 智力活动。
- 有价值的事业追求(有薪工作/无薪工作)。
- 休闲/娱乐。
- 健康护理和良好的体格。
- 与他人关系亲密。
- 社团和社交活动。
- 家庭和住所。
- 财务状况良好。

临近退休时,客户会分析自己退休后的收入来源,核查所在公司的退休福利,重新评估保险需求,以及其他诸如此类的事情。但是,由于一些非财务因素的影响,他们对退休生活充满了不满。为退休做准备时,人们往往将金钱当作最终目标,而没有把它作为实现生活中其他领域目标的工具。对退休生活感到最满意的退休人员,事先已经预见到了自己的退休生活,而不仅仅是预测自己的现金流。因此,他们能够在最好的年华中享受生活,而不是被现代生活的蜃景击败。

第13章 帮助客户设计退休生活

弗洛伊德的睡椅

读到这里,许多理财顾问的大脑一定嗡嗡作响,他们在想:"那么,你是不是在告诉我,当我和客户谈论退休规划时,我不但需要帮助他们解决钱的问题,还需要解决健康、家庭、智力以及个人成长等方面的问题?或许,我应该扔掉电脑,装把睡椅在办公室里。"我们的建议并不是让理财顾问跨出理财规划背景,展开关于人生其他方面的对话,而是要关注直接涉及到客户金融人生方面的话题。例如,讨论客户打算住在哪里可以直接涉及到他的财务状况,讨论客户退休后是否想要从事工作可以直接涉及他退休后的收入来源,讨论休闲目标以及相关花销可以联系客户的整体财务状况。讨论客户与他人的关系也是一个适当的对策,尤其是当客户与他人具有一定财务联系时,这一点尤为明显,比如,资助年迈的父母,或拿出一部分钱供孙子辈上大学。

另外,许多中年人和老人还非常认可"终身学习"这一概念,并渴望重新返回大学继续求学。除了学费以外,还有哪些相关费用?当涉及到一些更抽象的问题时,比如身体状况、情感以及精神上的满足感等等,理财顾问发现他们要做的事情其实非常简单,只需要推动客户的一些前瞻性想法,并提供相关信息,将客户介绍给可信赖的其他方面的专业人士。

理财顾问的谈话需要限定在自己适宜的范围内,根据理财顾问拿手的谈话内容,我们可以将理财顾问分为3类。

1. 只希望开展涉及业务办理以及金融服务对话的理财顾问。

2. 擅长开展涉及金融和生活的对话,并希望提供边缘信息的理财顾问。

3. 擅长提供建议,开展咨询服务的理财顾问。

业内调查表明第1类和第3类的理财顾问占少数,大部分都是第2类。大部分金融服务专业人士懂得,在竞争如此激烈的今天,他们需要提供更为全面的整套服务,而全面的整套服务自然会在对话中更多地涉及到客户的人生。

新退休理念研讨会提供了新的工具,帮助理财顾问展开更注重整体性的退休规划。这一研讨会旨在鼓励参与者拒绝老套的"退休神话",换个姿态重新看待年过半百之后的生活机会。

"金融人生规划"和"新退休理念"两大客户专家研讨会有效地提出了更全面的客户人生对话的讨论主题。金融人生规划协会许可并培训理财顾问开展公开研讨会,还与他们一起商议如何进一步推行以人生为中心的咨询服务实践。这一服务很受理财顾问的欢迎,因为它简单易行,并且能够根据客户的生活量身定做人生规划报告。

如果理财顾问希望帮助客户制定更全面的退休计划,也可以使用这些工具。你的观众早已准备好,甚至要求获得更个人化、更具体的方法来掌握自己的人生和金钱。花费时间为自己的体格健康、心智旺盛、个人幸福做打算的客户,将非常愿意享受更健康的退休生活。如果客户已计划好在哪里居住,如何参加社会活动,如何工作,以及如何向他人作出贡献,他自然能有更多的机会享受圆满的退休生活。推动客户实现这一梦想的理财顾问必然能更好地赢得客户的忠诚,而且不费吹灰之力就能有机会管理客户的所有资产,旁人再也无法与他相竞争。

充满不确定性的一代

被大肆宣传的婴儿潮一代更将会从全局看待退休生活,他们对退休的开明看法远远超出了传统的退休观念。在很大程度上,他们

第13章 帮助客户设计退休生活

将退休看作是人生的"第二个青春期"阶段，只不过是没有父母的管教而已。如果用一个词来概括描述婴儿潮一代对退休以及人生的看法，那就是"个性"。将整个婴儿潮一代人分为一类，简化为一种社会类群描述或行为类型，并试图使用以一概全的方法对待他们每一个人，将是个极大的错误。根据人口统计学家威廉·弗雷所言，"尽管商人和媒体试图将他们烙上同一种商标，或许1946～1964年出生的一代人最普遍的特征就是个性。"帮助出生于婴儿潮时期的客户设计退休生活时，理财顾问必须时刻牢记，不久他们就会厌倦全能型的方法。对于许多婴儿潮一代的人来说，他们的退休生活是一生中最刺激、最充满冒险乐趣、最让人兴奋、最具有实践精神的时期，就好像他们要使出浑身解数"及时行乐"。

"标新立异"这一词汇可以帮助人们更好地标识即将进入退休阶段的现代客户，因为他们领导的生活方式向传统、老套的闲散退休生活发起了挑战。在上文引述的文章中，提姆·斯马特认为他们：

……独立、朝气蓬勃、长寿、阔绰。首购房屋的增值养肥了他们的银行账户，另外，他们还有公司资助的退休账户。多年的锻炼让他们的身体结实有力，大学教育、研究生教育更是让他们头脑灵活、思维敏捷。可见，与他们的父辈相比，婴儿潮一代人的装备更好。许多家庭属于双薪家庭，多年的职场拼搏，不同的工作经历让他们拥有多个退休账户。

这听起来好似极乐世界，但是，如同福兮祸兮，事情有好的一面就有坏的一面。根据斯马特所述，的确如此。

大多数上了年纪的婴儿潮一代人乐极生悲，他们并没有意识到，或许是不愿意承认，这也意味着在他们30～40年的余生中将没有工作。在这段时间里，他们可能会一直照顾自己步入青春期的孩子以及年迈的父母，因为他们大多生孩子比较晚，而且他们的父母更长寿，活的年头更久些。这真让人难以接受。

理想的一周

"新退休理念"研讨会提出了两个问题:"退休后,你完美的一周会是什么样子?",以及"在工作、休闲、亲情关系、社会交往之间,你打算如何投资你的时间?"这里不妨作一个简单的类比,投资组合简要描述了投资金钱的方法,而你的日程表则概述了你投资自己人生的方法。不去规划如何投资时间就好似"将人生放在银行储蓄账户中,而利率只有2%"。

为了帮助客户将退休生活具体化,我们会让他们首先列出如何投资退休生活"车轮"的每一"辐条"。为了帮助客户区分这些辐条的优先次序,我们会让他们完成图表13.2中的情景规划练习。

当客户深思熟虑,分配好自己的退休时间之后,他们将填写"退休后理想的一周"表格,见图表13.3。

图表13.4是埃德设计的退休后理想的一周。他57岁,估计3年后退休。这个练习让埃德认识到,他最初对退休生活的设想非常有限。刚开始的时候,他说自己退休后只想打高尔夫球和玩牌,他计划从事的最重体力活就是除草。当埃德完成练习后,他发现,他每周想花费10~15个小时工作,以保持自己的技术和头脑敏捷。他想参与高中学校的一个项目,并帮助学生发展商业技能。另外,他决定每周花费一些时间到护理中心去,拜访那里的人们。他还想帮助自己的教会,在一项扩建项目中出力。

有了这些想法后,埃德重新感受到了退休生活的意义。与做练习前相比,他对退休生活的展望具有更多、更好的满足感。这种综合退休规划过程帮助埃德认识到,他还可以作出哪些贡献,以及保持积极追求对自己的幸福生活来说有多重要。

第13章　帮助客户设计退休生活

图表 13.2　　　　　　　　**生活情景规划**

问题1：如果你已确定拥有足够的钱，能满足你或你的家庭的全部需要，你打算怎么改变自己的每周日程表，投资自己的资源（时间、精力、技能和金钱）？

心智投入	事业追求（有薪/无薪）	休闲/消遣
人际交往	个人和精神成长	社区活动
身体健康和健身	理财	住宅/场所

问题2：如果你的医生告诉你，你最多只能再活5年，你打算怎么改变自己的每周日程表，投资自己的资源（时间、精力、技能和金钱）？

心智投入	工作追求（有薪/无薪）	休闲/消遣
人际交往	个人和精神成长	社区活动
身体健康和健身	理财	住宅/场所

图表 13.3　　　　　　　　**退休后理想的一周**

天	上午	下午	晚上
周日			
周一			
周二			
周三			
周四			
周五			
周六			

图表 13.4　　埃德的生活：退休后理想的一周

天	上午	下午	晚上
周日	教堂	家庭时间	家庭时间
周一	阅读,查阅	高尔夫	董事会议
周二	阅读,查阅	跑腿办事,杂项	空闲
周三	阅读,查阅	高尔夫	教堂
周四	阅读,查阅	跑腿办事,杂项	走访护理中心
周五	学校志愿者	高尔夫	晚餐约会
周六	未定	与孙子孙女们相处	未定

　　成功的退休生活需要平衡生活的各个方面,并需要保持一种稳定、均衡的状态。只注重一、两个领域的人会发现,这只会在短期内行得通,最终他们的生活将失去平衡,并脱离控制。退休阶段,像人生所有的阶段一样,应该平衡地加以规划。不应该只将退休看作一件孤立的人生大事,它是人生体验连续统一体中众多的转变之一。顺利驶过其他人生转变的人在退休时会有同样的体验,他们在人生旅途中积累的技能、价值观、兴趣和生活态度会继续让他们过上幸福的退休生活。

　　今天的决定影响我们的未来,所以在整个成年期,寻求生活所有领域的成长和发展非常重要,这么做的人更有可能在退休后获得丰富、有益的体验。这是因为他们在整个人生旅途中一直为生活作准备,而不仅仅只为退休。他们的退休计划丰富多彩,好似分配他们所有个人资源(时间、精力、技能和金钱)的人生蓝图,而分配方法对他们个人而言极有意义。

第 14 章

在事业转型和退休过渡时期提供指导

> 做一件事需要付出短期或长期的代价，而这个代价就是我们的人生。
>
> ——亨利·大卫·索罗

最近一份研究调查了退休人员在工作期间的最大遗憾。他们认为以下3项是其中的最大遗憾：

- 他们希望自己当年能够更具有冒险精神。
- 他们希望自己当年能够更具有影响力。
- 他们希望自己当年能够更关注存在的目的，而不只是为了领薪水。

这些退休人员的后代仍然无法摆脱这些遗憾。但是，当他们看到自己的父母捶胸悲叹，懊悔自己只知终日枯燥乏味地工作，而不敢打破陈规，或由于工作太忙而无暇考虑打破这一陈规时，他们自然会评估自己的生活质量，并开始思考自己未来想要什么样的生活。

下一代即将退休的人当中，许多已经意识到了他们父母的生活模式又将在自己的生活中上演,于是,他们极度渴望改变这一生活模式。在我们的文化和文明生活中,压力过大是一种常态。尼伦贝格公司和纽约大学管理学院联合开展了一项调查,询问在职人员。"如果让你将自己的办公环境比作一类电视节目,你会认为是哪类电视节目?"回复的答案是:

- 真人节目幸存者(38%)。
- 肥皂剧(27%)。
- 紧急呼救(18%)。
- 法庭片(10%)。
- 科幻片(7%)。

今天的工作场所带来的压力已经超出了人们的合理承受度。这种工作环境加之对工作的不安全感让普通工作者的安康生活得来不易。2001年《农村年历》的调查显示:

- 44%的美国人将自己称作工作狂。
- 从1995年以来,由于压力过大打电话请病假的人已经增长了两倍。
- 通常,人们很少娱乐,因为他们没有时间。
- 父母抱怨说,老师给孩子留的家庭作业过多(压力过大的父母回到家往往将压力转嫁给孩子)。

美国国家睡眠协会最近的一项民意测试证明:美国人不是为了生活而工作,而是为了工作而生活。研究参与者报告说,他们工作的时间过长,睡眠不足,很少参加社会和休闲活动,甚至与5年前相比,性行为也少了很多。长时间工作产生的次生效应是想打起精神时却总是昏昏欲睡。1/5的成年人在白天睡意不绝,每周至少有3次因为"睡虫"的干扰而无法有效工作。另外,许多人都存在睡眠问题。

压力过大、身心憔悴的人们正在寻找出路,希望找出方法击败

第14章　在事业转型和退休过渡时期提供指导

生活中的压力。温泉旅游正在逐步兴起。许多人纷纷利用公司的灵活休假和年假政策放松自己。旧时的手工活动，如编织、钩织正重新流行，在2000年，400万人心甘情愿地迷上了"编织工"。足不出户的学习正在急速发展，而这大都归功于在线指导。远程办公更加普及，许多人都会选择在家"朝九晚五"。在不断寻找方法减压中，许多人都想知道自己采取的措施能否让自己的生活变得更平衡，同时不需要进行重大的事业转型。这就需要理财顾问发挥向导的作用。今天，理财顾问可靠的定位声明应该是：

> 我的工作基础是，客户的生活在这一刻正在发生些什么，以及他打算作出哪些改变，而不是帮助他一年又一年地储蓄养老金。许多客户不得不面对一些生活意外，如失业、身体残疾、家人重病等等，我将在这些时刻尽力帮助他们理好财务。还有些客户打算进行事业转型，从事不同的工作或改进自己当前的工作，在这些人生转变时刻，我同样需要帮助他们理好财务。

今天的上班族已经不能满足于像马一样辛勤地工作并将这种生活持续40年，金表或买一户位于佛罗里达州的公寓也远不能满足他们的胃口。他们亲眼见证了父辈退休的遗憾，因此他们更愿意选择冒险，企盼自己具有更多的影响力，发现更多的人生目标，尝试不同的方法开发自己的潜力。为了达到这些人生目标，他们需要一位精明、具有整体化思维的财务向导。在本章，我们将讨论许多人都希望实现以及不得不实现的人生转变。金融人生规划师了解，人生不会总是直线轨迹，人生无常，挑战和机遇随时都有可能降临，而这时，人生计划就需要进行重新调整。

大部分事业转型都需要财务分析和规划，因为事业转型的中心就是工作事宜，同时也会对个人的收入能力产生影响。草草看一眼提前退休的各种原因，就不难发现绝大部分提前退休的人，事先并没有做好计划。40%的退休人员提前退休是因为他们患有重病，而临时解雇则是导致提前退休的第二大原因。患有重病和临时解雇的人并不情愿真的退休,而且他们在心理上也并没有做好准备。他们的退休来得如此突然,以至于许多人还没有细想该如何度过余生,就已经退休了。

许多30、40、50多岁的人想知道自己的事业路线是否正在逐步影响自己一直致力于追求的生活品质。对一些人来说,这种想法一闪而过,而对另一些人来说,则属于一项重要反思,他们决定改变自己的生活。有相当一部分人渴望获得满意的事业,而不只是一份"好工作",这一点我们应该牢记。退休人员似乎很容易理解这个想法,并期望开展令人满意的事业,即使他们从事的不再是一份拿薪水的工作。

在《目的的力量》一书中,理查德·莱德指出了事业和工作的关键区别。根据他的观点,工作的目的是为了挣钱,而拥有一份属于自己的事业的目的则是为了让自己变得与众不同。退休可能是工作的终点,但却不是人生事业的终点。

莱德用公式(T + P + E)× V 阐述了目的性工作的含义。

- T 代表才能。这是考虑从事一份事业或事业转型的起点。
- P 代表激情或目的。正像很久以前亚里士多德所说的:"世界需要和你才能的汇合点,正是你事业的所在。"
- E 代表环境。什么样的工作环境最适合你的性情、风格以及工作价值观?
- V 代表展望。你认为自己的人生该如何结束?比如,生活、居住地、财富、人际关系以及健康?

莱德的观念与当今客户以及未来的退休人员产生了共鸣,他们或许并不总是知道自己想要的是什么,但是却清楚地知道自己该何时得到些什么。

第 14 章　在事业转型和退休过渡时期提供指导

事业转型

在金融人生规划中，理财顾问之所以能够定位于客户的事业目标以及工作生活的转变，不仅仅因为这些东西将直接影响到现金流规划，还因为客户内心所需要的生活满足感。实际上，理财顾问好似一座桥梁，连接着客户的现在和未来。由于大部分理财顾问都不想充当职业指导这一角色，所以我们建议顾问先结交一位可信赖的职业指导师，当和客户讨论事业转型时，可以将该职业指导师推荐给客户。客户期望自己的生活发生变化，而这一变化需要一定的财务基础，对此，理财顾问很容易就能界定自己在这方面的作用。但是，理财顾问只有更好地武装自己，才能推动事业转型的对话。

开展事业转型的对话不需要花费多少力气，只需要顾问进行几项简简单单的询问："你希望你的工作生活发生一些变化吗？"如果客户的回答是"是"，顾问可以接着问，"你打算作出哪些改变？"一般的事业转变包括重大事业转型（创业追求、自由职业者、咨询专家）、工作环境的重新安排（在同一家公司从事新的责任岗位、兼职或全职远程办公）、急流勇退（过着简朴而没什么工作压力的生活），或是休长假考虑重新安排生活。

下面，我们将举出各种事业转型的实例，并指导理财顾问如何引导客户实现这些转变。

- 一位客户感觉工作消磨了她整个生活，但她最终得出结论，她对这种生活步调很痴迷。
- 一位客户商议改变自己的工作环境，好照顾自己绝症晚期的妻子和年幼的孩子。
- 一位客户已经决定暂时逃离你死我活的竞争。
- 为了实现创业梦想，一位客户放弃了一份安稳、薪水高的工作。
- 一位客户退休了,维持退休生活的收入却每年不到 22 000 美元。

减 压

  一位理财顾问给我们讲述了迈克和安德里娅的故事。他们是一对 30 多岁的在职夫妇,希望可以作出一些能够减少生活压力的改变。他们都善于储蓄,他们的 401(k)、个人退休账户、个人投资以及储蓄账户都有几十万美元。

  在谈到如何尽可能地改变其工作状况时,安德里娅承认自己仍然对公司生活以及工作步调感到着迷,并真诚热爱着这种快节奏的生活。她正青云直上,而且雄心不减。最后,安德里娅得出结论,每年去加勒比海痛快地玩一周,就可以缓和她的工作压力。于是,这位理财顾问就建议她设立一个单独的旅游账户,以确保能有一笔足够的资金保证她每年一次的旅游大狂欢。她非常喜欢这一主意。另外,她最担心迈克,用她的话说,迈克"激情已尽"。

  当工作的讨论转向迈克时,他感觉到自己的生活确实需要进行一次改变,但却无从下手。这位理财顾问向他推荐了一名职业指导师并建议,等到他的生活方向搞清楚后,再重新讨论这个话题。顾问还郑重地告诉迈克,无论他选择什么方向,都需要有足够的资金来源来搭建这个桥梁,实现他想要的生活。这对夫妇对理财顾问提出的这个方法感到很满意,同意咨询职业指导师后再重新讨论这一话题。

  咨询过后,迈克决定在现有的高薪职位上再工作 6 个月,以便赚上足够的钱,为稍后一段无薪时期做准备。另外,他可以考虑兼职工作,或重返学校,去攻读另一领域的硕士学位。

第14章 在事业转型和退休过渡时期提供指导

当迈克带着这些想法重新来找理财顾问时，理财顾问表示，他可以精选几个投资项目，帮助迈克度过这段无薪期，而且这几个投资项目绝不会严重影响他的退休储蓄计划。另外，他将从迈克的部分投资中拿出少量的年金收入，来弥补与现在相比，在未来将会减少的那一部分收入。看到有多种方案可供选择，迈克夫妇情绪高昂，压力也在无形中减少了。

疾病和金钱

癌症夺去了乔妻子的生命。此后，乔希望多花些时间和三个长大成人的儿子们在一起，多多享受钓鱼和打猎带来的乐趣。当他54岁时，所在的公司提出了买断他的工龄，向他一次性支付500 000美元，或在他的后半生中每月向他支付2 000美元的年金。乔认为实现自己理想生活的机会来了。但是，当他寻求理财顾问的帮助时，则四处碰壁，大家都告诉他这样退休未免为时过早。这些理财顾问说，这里存在的最大障碍是，虽然一次性买断IRA（个人退休账户）的价钱高达50万美元，但是只有到59岁半时，他才可以领到这笔钱。在这段过渡期间，他该如何维持生计呢？幸运的是，乔找到了一位足够变通的理财顾问。

这位理财顾问告诉他，虽然一般而言，过早地抽走IRA会导致10%的罚金，但可以想办法避免这个问题，即在5年的时间内等额抽取IRA，只要时间不低于5年，就不再有任何罚金。乔和这位理财顾问设立了这样一个计划：退休后，他可以做兼职做到58岁，然后开始从IRA中提款一直到63岁，这样就满足了这5年期间的规定。这种解决方案让乔兴奋无比。兼职工作让他的时间变得更灵活，方便他追求更具有意义的生活目标。在失去妻子后，他比以前更了解生活的意义所在。

加科的处境则大不相同,他的妻子被诊断出患有乳腺癌。她苦苦与病魔奋斗了6年,何时终了还是个未知数。在这6年期间,加科不得不离家工作,因为他是这个家庭唯一的经济来源,膝下还有两个8岁和11岁的孩子需要照顾。加科将自己的窘境告诉了理财顾问,最后,他们一致认为,用尽储蓄是最后的一招,因为加科毕竟才45岁。加科决定向公司申请更换工作岗位,减少出差次数,这样就会有更多时间待在家里。加科知道自己的公司能够提供这样的工作岗位。

　　如果所在公司不同意调换工作岗位,加科就需要到其他公司求职,因此他可能会有好几个月都没有收入。为了帮助他平安度过这几个月,理财顾问帮他理清了现金流转,并提供了几个有用的方案。幸运的是,他所在的那家公司同意安排他到新的工作岗位。这样一来,他既可以照顾妻子和孩子,又可以继续工作,积攒一定的收入,供养家人。最近,由于他的公司已经被另一家公司收并,他和理财顾问重新评估了自己的财务状况,以防新东家不如老东家那样具有同情心。一直以来,加科都十分感激理财顾问在他人生低谷之时给予的帮助和安慰。虽然他妻子的病情一直没有好转,但是,加科感觉到自己的理财顾问真的是一名很有价值的向导,时刻照料他和家人的财务状况,并维系着他们的安康生活。

休　息

　　根据《华盛顿邮报》上一篇《失业后,暂时休息》的报道,失业被看作是一次脱离无止境竞争的机会,虽然这只是暂时的。人力资源专家已证实,随着许多中年人不断自问,到底想不想为公司付出心血,渴望暂时解脱竞争的想法俨然逐渐风行。

　　拥有较多解雇费的人更愿意长期带薪休假,那些经历了两次事

第14章 在事业转型和退休过渡时期提供指导

业低谷仍然大难不死的人尤其如此。华盛顿特区的新职介绍专家布里塔·阿斯基说:"失业不再像以前那样臭名昭著,因为人们对事业的低谷已经习以为常。人们的想法变了,他们更愿意选择冒险,更关注生活的质量,希望将自己真正感兴趣的事与挣钱紧密联系在一起。"

个主旋律正在我们的文化交响乐中奏起。有些人已经离开了让他们呕心沥血的职场生涯。他们曾经全身心投入在工作岗位上,被公司榨干了每一滴血,却没有得到公正的回报,于是,他们决定放弃这种生活。工作20~30年后,许多人体力耗尽,缺乏活力。他们担心,因为他们知道自己的创造力和热情正在逐渐衰竭。工作不再能使他们获得满足感,于是,许多人认为提前退休可能是一条出路,这样或许可以让他们的生活更美满。但是,实际上,如果有机会轻轻松松休息一段时间,反复思量自己的人生方向,并为自己重新充电,那么大部分人就不会提前选择退休生活。

由于越来越严峻的劳动力短缺,以及越来越多婴儿潮时期出生的人濒临退休,许多公司正在寻找方法,希望留住那些颇具价值的老员工。虽然到目前为止,只有10%~15%的公司可以提供长期带薪休假,但研究表明,有机会长期带薪休假的员工回到工作岗位后,会更愿意效忠雇主。向员工提供长期带薪休假还可以提高士气,增大效率。大部分人力资源专业人士认为,虽然长期带薪休假成本高昂,但的确值得投资。

如果客户所在的公司不提供长期带薪休假,客户仍然能够从工作中挤出时间来。《6个月不工作》的合著作者之一,大卫·夏普建议使用"休假"这一术语,来代替经常被误解的"长期带薪休假"。另外,如果经过深思熟虑并准备妥当,那么向管理层提出休假的提议就不容易遭到拒绝。

许多渴望"长期带薪休假"的在职人员通常身居高位,他们是公司的管理人员、首席官员、副总裁甚至总裁。我们已经看到,在公司内部爬得越高,就越有可能考虑长期休假,重新获得良好状态。

许多处于事业低谷的人渴望能够好好休息一段时间,好好思量如何从成功事业过渡到成功生活。他们正在寻找能够有效发挥自己技能优势的工作,甚至很少关心谋职公司的大小和组织结构。高级管理人员帕特刚刚大休了一段时间,之后,他便开始从事自由职业。用他的话来说就是,"在这段期间,你可以发现一、两个真正能让你雀跃的工作机会,而且,你会发现这份工作很适合你,这真是个不错的选择。"

许多人会在休息一段时间后,作出不同的选择:离家工作、自由职业、自己创业或在同一工作领域内更换工作的类型。正像一位打算从事自由职业的经理所说的:"我喜欢这种工作方式,因为我再也不必像呆伯特(一个漫画人物)那样听从白痴上司的指令了。"理财顾问们需要认识到,很多人愿意为了改善生活质量而放弃一些钱和名声,毕竟,他们曾经为了钱和名声牺牲了个人生活。成千上万人会决定离开公司这台绞肉机,不再过这种无法预测的生活。

如果客户感到疲惫不堪、压力过大,经常焦虑,或者新奇想法不再像以前一样层出不穷,那么为什么还不考虑休假呢?在这种情况下,顾问应向客户推荐帕梅拉·阿蒙德森的书《弄清问题:如何在不到一周的时间内享受长假》。阿蒙德森在书中提供的指南可以帮助客户利用假期重新充电,评估人生大事,并重新发现自己的定位以及梦想。

种种迹象表明,年假将会在今后十年之中逐渐增多。这已经成为一件头等大事,众多公司目前正在打算制定或修改主要员工的年假政策。当然,在询问客户最渴望的工作模式是什么时,年假是其中不可或缺的一部分。如果客户希望离职休息一段时间,理财顾问可以帮助他们进行相关的财务安排和准备,这样,客户一定会感激万分。

第14章 在事业转型和退休过渡时期提供指导

终止无关的评论

理财规划需要改善客户当前的生活质量,而不是无法预料的未来生活的质量。

——罗斯·莱文

作为金融人生规划师,我们的目的就是充当客户的伙伴,并引导和教育他们。我们的工作应该完全关注于如何帮助客户实现梦想,而不是试图将他们纳入同一个退休模式中。迄今为止,大部分退休规划的制定都取决于客户的资金缺口,即计算客户目前的年龄和可投资资产与客户退休年龄以及退休之时必备资产之间的缺口。退休时的必备资产应为其总收入的70%~80%。这种老理渗透在整个退休规划中。实际上,所有理财顾问和网上的退休计算软件都使用了"70%标准"。但是,这一标准同时受到两个相反观点的挑战。

一些人认为,婴儿潮 代的退休人员将需要目前收入水平的100%的资金或更多来维持自己的退休生活,另一些人则认为,即使少于目前收入水平的70%,退休后也仍然可以维持生活质量。作为理财顾问,我们的作用是帮助客户理清实现目标所需要的财务要求,而不是对客户追求目标时的谨慎财务态度加以评论。

70%标准的终结

最近,越来越多的书和文章告诉人们,他们不需要太多的钱就可以养老,并且不需要担心"70%标准"的老一套说法。这种现象的出现部分原因在于市场形势低迷。另一部分原因是,人们总是被告诚一定要储蓄足够的钱以便养老（70%～80%），对此，他们已经感到有些不满。眼睁睁看着通货膨胀一年又一年地侵蚀着自己的养老金，更是让人愤怒。最近有一篇文章对此发出了警告，40岁以下、拥有100万美元储蓄的个人需要300万美元来维持退休生活标准。虽然这篇文章的真正意图是希望人们更积极地储蓄，却适得其反，并激起了人们的抵触情绪。

如果一个拥有100万美元的人都不能安享他的退休生活，那么普通人又有什么指望呢？答案是"许多"。这一根据来自Marketwatch.com的专栏作家保罗·法雷尔的文章《是的，每年22 000美元就可以让你过上舒服的退休生活》。据法雷尔的报道，在沃伦·巴菲特的年度奥马哈烤肉野餐上，一群人在尽享排骨和玉米威士忌酒的美味。虽然他们当中许多人每年的花销都在15 000～30 000美元之间，却也过得十分舒坦，而且仍然拥有很多储蓄。当然，这些人几乎没有负债，但是，不少亿万富豪每年的花销也只有15 000美元。正如一位半退休状态的客户告诉我们的："随着年岁的增长，钱往往失去它本身的意义，你发现基本生活条件，比如，好身体、好朋友、居所、普通的食物，就会让你感到很满足。不要太多，只要足够，或是多那么一点点，就很容易感到快乐知足。"

《不需要上百万，你就可以过上满意的退休生活》的作者拉尔夫·沃纳发现，当询问退休人员快乐的原因是什么时，他们并没有过多考虑钱。相反，他发现，如果中年时期因为工作和储蓄而心神不宁，那么退休时也不会很幸福，两者间存在着直接的联系。另外，他还发觉，"许多高级管理人员将中年时光完全投资给自己，他们努力发展技能，拓展人际关系，以便退休后能够享受闲暇生活。"对此，他提出建议，"你应该想一想，仅仅从快乐的角度出发，而不是钱的驱使，你打算从事哪几样工作，并且现在就开始规划事业转型，从事某些领域的兼职工作。总之，你对工作越感兴趣，你的退休生活就越有趣。"

第14章 在事业转型和退休过渡时期提供指导

如果"70%标准"仅仅基于社会保险、退休金以及投资收入,这一标准也已过时。在将来,许多人会提前退休,并从事有趣的兼职工作,以弥补其投资收入的不足。如果能够从投资中抽出现有收入的30%(而不是70%),一些人就会把眼睛瞄准现代退休方式。因此,对于理财顾问来说,了解客户想要什么非常重要,另外,理财顾问还要灵活多变,创造性地提出金融解决方案,以帮助客户过上他自己渴望的生活。

我们听到许多客户抱怨说,当他们将自己的计划,比如,想要换一个薪水低一些、步伐慢一些的工作,当他们将此想法告诉理财顾问时,他们能感觉到理财顾问不赞成的态度,虽然顾问并没有明说。正如一位客户所说:"我感觉他边发愣看着我,边想,'你怎么能放弃这么一大笔钱?'我只是想继续好好过我的日子。我需要有人帮助我重新安排我的钱,让我过上我想要的生活。"为了满足现代客户的需求,理财顾问必须,借用一句老话,打破陈规。陈规就是一直做你现在的工作,直到赚上足够的钱,你才能在退休后"为所欲为"。我们这个时代的新规则是,所做的一切旨在提高我们现在的生活质量,并且还要为将来作出打算。

正因为如此,今天的客户的确想要当前生活和未来两不误。他们希望无论在当下还是未来,都能享受生活。虽然老一辈的说法总是劝诫我们为了未来,牺牲现在,但今天的客户认为将生活的所有快乐寄托在不确定的未来上面未免显得太荒诞,让人觉得不舒服。所以,理财顾问必须具有极大的灵活性,允许客户界定他们对当前生活以及未来生活的畅想,帮助他们制定并执行相关的财务方案,最终让他们梦想成真。这要求顾问逐渐放弃日显陈旧的退休"资金缺口"模式,终止无关的评论,拒绝偏见。

金融人生规划就是帮助客户以灵活的方式尽快实现其生活质量目标。这一新的理念必将取代旧有的规划模式,即在多少岁时存够多少钱,旧有的规划目标将阻碍客户实现真正的人生财富。人生不可预测,各种无常往往会毫无预兆地发生。另一方面,生命中又往往会出现一些出人意料的机会,让我们得以重新审视自己的人生历程,改变传统的人生轨迹。理财顾问如果能够打破陈规,拥有必要的灵活性,帮助那些希望或需要改变人生轨迹的客户;与传统的经纪人或规划师相比,这样的顾问将赢得声誉,能够成为令客户满意的理财伙伴及向导。在为客户人生制定理财规划时,没有一种通用的模式,必须根据客户的具体情况量身打造。人们希望理财顾问能够设身处地地替他们着想,关心他们的生活,为他们提供真正适合其需要的服务,而不是不假思索地将所有客户纳入同一种预设的职业路径或退休模式之中。这需要顾问了解客户正在考虑的人生转变,并尽其所能帮助客户实现这些转变。拒绝客户的要求再简单不过,任何人都能做到这一点;真正难的就在于顾问的创造力和对客户发自内心的关注,这样才能帮助客户改善其当前的以及未来的生活质量。

下一章将探讨如何帮助退休或快要退休的客户,使他们的生活从单纯的谋生转变成真正的与众不同。

第15章

遗　产

> 人生的最后阶段要么圆满，要么绝望。如果你认为自己的生活是有意义的，你将不会绝望。
>
> ——埃里克·埃里克逊
>
> 我们不能根据上半生的计划来过下半生。
>
> ——卡尔·荣格

比尔是一家财富500强公司的高级管理人员。因为他和妻子都存了一大笔钱，他能够在55～60岁之间选择"退休"。另外，为了获得CFP（注册理财规划师）认证，他还参加了一个为期3年的课程。一旦获得CFP认证，他便打算立即投入实践，并去帮助那些通常没有能力支付理财规划服务费的人。一件小事启发了比尔进行如此不同寻常的人生转变。

比尔曾帮助过一位年轻的单身母亲处理税务事宜，一天她告诉他，她终于突围成功。事情是这样的，这位母亲虽然每年收入不超过15 000美元，却已经还清了自己人生的最后一笔债务。她为自己感到自豪，脱离债务的困扰后，她可以自由地追寻自己的梦想。比尔说，这位女士的故事深深触动了他，让他认识到挣多少钱只是相对而言,而完全控制自己的财务生活才具有更重要的意义,无论你能挣150 000美元还是15 000美元,都是如此。他立即认识到低收入者的尴尬:他们几乎没钱咨询理财服务,而且没有理财顾问愿意帮助他们解决问题,因为他们的资产少得可怜。

这次经历让比尔梦想成为一名"慈善理财顾问"。对于有能力支付的客户,他计划实行弹性分级收费,并帮助他们实现一部分投资。另外,他也计划为那些需要帮助但没有支付能力的人提供服务。一直以来,比尔对理财事务非常感兴趣,另外,他也很重视信仰。他希望能对社会作出积极、有意义的贡献。现在,他所做的已经完美地融合了自己的目标和价值观。比尔发现了一种留下自我遗产的独特方式。

投资自己

比尔的故事为我们展示了金融人生规划前景的最高目标:找到一种特有的方式,将我们自己、我们的所知和我们的所有,投资到比我们自身更伟大的事业中去。在这个我们创造的世界中,留下我们特有的标识,作为我们曾来过这个世界的证明。这已经超越了老套的志愿者任务,或是为了忙而忙的碌碌生活。这是一种独特的方式,通过它,人们,尤其是正在经历退休转变的人们,可以重新投资自己多年的物质和精神积累。

退休人员这种期待与众不同的渴望,是一个很好的趋势。这不仅对整个社会有利,而且也能丰富他们自身的退休生活。今天,许多退休人员好似乌云压头,感觉生活惨淡无趣,痛苦不堪。许多人正在被社会逐渐遗忘,而这种转变将对他们的精神世界产生极坏的影响。一位退休医生曾不无感慨地说:"很长时间过后,我都没有意识到退休对我的影响,直到一天,一名妇女走向我,对我说:'你曾经

第15章 遗 产

是威尔逊医生,对吧?'"他心情凄惨地走开了,感觉社会已经将他当作了过去时。过去,他为社会作出贡献,如今,却背靠卧椅,清点日子,哀怨地回忆过去。与此相比,今天的退休者更富活力,他们对这种退休生活的含义及意义无法苟同。

"衰老减慢"这一术语,解释了当今65岁老人与20、30年前的65岁老人大不相同。他们的精力以及对积极生活方式的展望超越了前人。上一代65岁的人往往是躺在摇椅上,等待死亡的召唤。今天,一个人如果没有活到80岁,人们往往会感到惋惜,觉得他未免过早地离开了这个世界。

如今,一个50多岁的普通人感觉自己比当年驾驶证上的照片还年轻十多岁。这种对衰老的新理解,以及婴儿潮一代力求与众不同的新风潮,可以发挥推波助澜的作用,帮助顾问在50岁以上的人士中倡导一场"复兴"运动,发扬革新、社会贡献和利他主义精神。今天,年龄已达65岁的人仍然有大把的时间、精力和创造力进行再投资。如何更好地投资自己的余生,这是今天的退休人员必须回答的一个问题。

开明的利己主义

根据《再燃激情:婴儿潮一代50岁后的生活指南》的作者,詹姆士·甘比奥尼所言,年岁已高、即将退休的婴儿潮一代人的一个主要价值观,就是回报社会。或许,长年的工作以及物质追求曾让他们忽视了社会意识,如今他们再次觉醒。今天的退休一代,他们的社会责任感在逐步加强,这批老人的数量在不断增多,他们愿意并能够奉献自己,弥补社会上的许多弊端。

《黄金午代:婴儿潮一代将彻底革新退休理念,并改变整个美国》的作者马克·弗里德曼正在向社会发出号召,他呼吁社会,为老年公民创造并推广有意义的活动,而不是简单地让他们从事繁忙的体力工作,比如装信封这类小事。"老年人可以利用的大部分机会,是专门为那些更老的一代人设计的,是为了让他们脱离摇椅。但如今的老人可不希望像自己的父母一样以此了却残生。我们需要一些活动,去抓住他们的想象力,发挥他们的技能,并给予他们目的感。"弗里德曼说。

弗里德曼给出了以下动员退休人员具有一定生活目的的团体。

- 体验服务队。这个老人义工服务队为学校和其他少年机构辅导孩子们的学习。
- 全国老年人服务队。这个服务队运作"寄养祖父母项目"、"老朋友项目"及"退休和年长志愿者项目"。
- 关爱不幸者服务队。该机构的退休人员环游温内贝戈,为"人类家园"国际组织建设房屋,并在项目中指导年轻的志愿者。

慈善、教育、指导以及利他主义事业的不断增多,将帮助未来的退休人员迎接挑战,满足社会以及环境提出的各种需求。弗里德曼讲述了俄勒冈州波特兰市的玛沃·威尔特的故事。从管理咨询岗位上退休后,威尔特便决定追随自己的激情,以自己的独特方式惠泽他人。

与那些只是坐在码头边、试验新鱼饵的退休人员不同的是,70出头的威尔特先生,决定将自己的钓鱼激情发扬光大,帮助贫困街区的孩子们体验环境。最终,"水上世界项目"成型。现在,这个项目在许多公立中小学中运转良好。而刚刚起步时,威尔特只是简单教授孩子们如何钓鱼而已。

同时,威尔特还返回学校,学习生物课程。结果,他现在组织孩子们开展旅行考察,并教授他们有关环境的知识。威尔特选择以这种方式度过自己的退休生活,凸现了有目的地走完人生最后旅程的

第 15 章 遗 产

重要性。"开始之前,我毫无头绪。但是,我认为每个人的生活都应该具有一定的目的性。坐在娱乐车上,看着自己的肚皮,对我来说完全是浪费生命的事。"

在退休这一阶段,人们会再次思考如何投资自己的生活。迈克尔·斯坦写道:"在这一时期,人们将生活的中心从挣钱转向追逐梦想。"对于许多退休人士以及即将退休的人士来说,他们的梦想不一定是围绕陈旧的退休意象,即只顾自己,以自我为中心。

人们心态上的这种转变,在金融服务公司的广告中就有很好的反映。这些公司投入大量资金,通过焦点访谈小组和专门的研究等方式,调查研究市场上的情感动机。近五年来,金融服务广告已经从"只关注自身"扩展到"有意义的生活"层次上来,这一转变值得我们加以注意。

例如,20 世纪 90 年代中期,在 ITT 哈特福德集团的电视广告中,一对 60 多岁,穿着考究的夫妇在甲板上欢歌笑语、尽情跳舞,就好似十几岁的年轻人一般。广告下方的标题是"有一天,你也会像孩子一样尽情欢乐,但是,现在让我们来讨论一下你的养老金问题"。仅仅几年后,金融服务广告就推出了更新、更有意义的主题。其中,最具有代表性的广告来自美国运通。三位迷人的老人,虽然已是年过花甲,却戴着安全帽,穿着牛仔裤,挤作一团,开怀大笑,这是因为他们正在讨论"人类家园"项目。这个独特广告的收尾语是,"更多奉献"。未来的退休人士需要的正是这种满足感,他们的确想不枉此生。

许多人,如美国前总统吉米·卡特,在很多方面都树立了榜样,成为这股潮流的先驱者,并告诉人们当自己的职业生涯结束之后,如何最好地投资自己的生活。一旦获得了充足的资产,可以无忧无虑地过自己的退休生活,那么追逐有意义生活的需要就会在人们的心中再次生根。实际上,虽然财务自由可以让人们全天休闲娱乐,但是却强化了人们对留下某种有意义的遗产的深深渴求。另外,年龄越大，我们越能感到死亡的逼近，这种"人必有一死"的意识日渐清晰，更能促进人们对于奉献的渴求。

马克·弗里德曼在书中介绍说，一些退休人士正试图为社会做更多的贡献，他们发起了一个叫做"工作纽带"的事业项目。"'工作纽带'以多种方式给老年志愿者们提供了第二次机会做回他们自己，通过'工作联系'，他们所获得的不亚于这项事业的受益人小孩子们。老人们有机会弥补过去的过失，去体验他们不曾做过的父亲的角色，并且再次巩固自己的人生价值观。他们有机会发现新的人生意义，并有机会为这片土地和这个世界留下更美好的事物。他们的所为对于他们自身以及对于整个社会而言都具有重大的意义。简而言之，'工作纽带'项目的成功不是植根于虚无缥缈的理想主义，而是根植于更稳健的开明自利主义。"

弗里德曼将这种开明的利己主义，看作是新一代退休人士的战斗口号。普通的慈善工作已经无法满足新一代退休人士的胃口，他们想要宣传一种长久回荡在他们灵魂深处的，对更美好的世界和更美好的社会的展望。今天的理财顾问应该尽力帮助客户发现和清晰了解该如何沿着这种思路投资自己的生活，并创造必要的金融工具，帮助他们圆满实现这种进步的利己主义。上百万获得财务自由的退休人士发现，通过帮助他人，他们会获得最大的快乐。他们当中有许多人期待有人能够帮助他们决定如何有意义地投资自己的时间、知识、精力以及金融资产，并为后世造福。

造福后人

著名心理学家埃里克·埃里克森把在晚年传递毕生所得的价值观念和知识的想法称为再生力。据埃里克森所言，成功晚年生活的特点是有再生力，即有能力将自己从之前工作和经历中吸取的经

第15章 遗　产

验传递给下一代。埃里克森将这一理想概括成："穷我一生，造福后人。"

再生力包括造福后人的强烈愿望。给后人留下的遗产往往指的是物质上的遗产，但实际意义上的遗产却远远不止这些。遗产可以是为了在某方面帮助后代，并给后代遗留下的一大笔钱，也可以是价值观和人生故事。你可以以身作则，用自己的亲身经历告诉后代，如何在生活中取得成功和圆满。这往往涉及到你的道德遗嘱背景。在讨论道德遗嘱概念及如何向客户介绍这一观念之前，我们首先解决一下"造福后人"的实践问题和财务问题。顾问可以按照下面的开场白与客户展开相关对话：

（客户）先生/女士，对于许多人来说，综合理财规划的一个重要方面是决定如何为我们的社会、教堂、学校或其他特殊事业进行慈善投资。首先，我想了解您打算支持哪一类的事业，其次，我想与您谈论有哪些创造性的方法可以帮助您留下财务捐款，帮助这项事业。这就需要设立慈善基金、奖学金基金，制定慈善计划，包括您遗产规划中的慈善事业，或是为某人、某项事业设立的自动捐助项目。

为了帮助客户清晰定义他们对这一话题的认识，顾问可以让他们完成慈善捐助调查表，详见图表15.1。

对于一些人来说，为财务遗赠制定捐助计划，与投资管理同样重要，他们认为自己只是自己财产的管理员。正如一位客户所说："这钱只是经过我的手而已。我是输送人，不是拥有者，但是我有责任确保它流向正确的方向。"调查客户的捐赠计划，这样理财顾问就能够快速衡量慈善捐助对客户的重要性。有些人认为慈善捐助是小事，有些则认为慈善捐助在自己的人生中占据重要位置，是挣更多钱的动力之一。对于还没有考虑过慈善事业的人，顾问可以提出相关问题，激起他们对慈善捐赠的兴趣；对于已经高度重视捐赠的人，顾问可以表示，自己非常赞同他们的价值观，并愿意和他们一起制定最富有责任感和最有效的捐赠方式。

图表15.1	慈善捐助调查:设计财务遗赠

1. 你愿意将时间和精力投资在哪些慈善行为或事业上?

2. 你现在正在捐助哪些慈善行为或事业?

3. 你打算在财务上投资哪些慈善行为或事业?

4. 你打算永久地支持这些慈善事业吗?还是一年一次?

5. 你是否打算为某些家庭成员制定收入流(如,为孩子建立大学基金、父母的养老金、资助残疾的孩子或兄弟姐妹)?

6. 你是否打算让我们调查某一慈善事业,从而确定他们是否在负责地妥当使用慈善资金?

7. 你打算多长时间审查一次捐助计划?

第16章

新慈善事业

对于许多人来说,慈善事业始于家庭,注意到这一点很重要。这些人对慈善事业的定义包括大学费用、结婚礼物,为第二代、第三代子女提供房屋按揭首付款。或许,慈善还包括为年迈的父母提供养老金,这样父母每月就能够多得几百美元改善自己的生活。理财顾问布鲁斯·布鲁因斯曼告诉我们,如果退休的父母每月多得300~400美元,那么他们的生存空间就会大很多,这让很多人感到吃惊。许多功成名就的婴儿潮一代,正在寻找一种创造性的问题解决方法,来帮助他们或许正在面临财务压力的父母。

"慈善家"这一称谓在过去往往昭示出一种社会精英的形象,他们将自己巨大财富的一部分遗赠给大型机构,如医院、大学和博物馆。但是,现在的趋势显示,越来越多的慈善家是普通人,他们渴望回报社会,他们是如此与众不同。另外,新一辈的慈善家有兴趣以亲身投入的方式进行捐赠。

新慈善家们希望将自己所挣得的收入,而不是继承的资产,捐赠给自己中意的慈善事业,并且在自己仍然在世时大量捐赠。另一个趋势是,他们愿意支持公共事业和以社区为基础的组织,而不是更大和更显眼的慈善团体。另外,新一代的捐赠人正亲自参与慈善事业,并贡献着自己的时间、精力和专业知识。

  与此类似,新的慈善家更看重的是结果。他们会仔细地审查他们的善举,因为他们想知道这些赠予得到了怎样的使用。他们期待从他们的"慈善投资"中得到可以计量的结果,他们也想在管理、会计和筹资等方面贡献自己的能力。

  慈善家们也会通过非传统的渠道进行捐赠,比如捐赠社交圈。捐赠社交圈在运营方面类似于投资俱乐部,即集中各个成员的资金。资金的集中使得成员在他们支持的事业上更有影响力,而且在资金如何使用方面经常能够拥有更多的发言权。捐赠社交圈内的成员,每年都会贡献预定数额的资金,并会投票表决如何捐赠这笔筹集的资金。与此相反,传统的基金会积累各方捐赠款项,而后捐赠这笔款项的利息。

  新慈善家喜欢采用的另一件工具,是捐赠人建议基金。和捐赠社交圈一样,捐赠人建议基金创立的成本较低,而且在决策方面拥有更大的自主性。但是与捐赠社交圈不同的是,这种基金可以由单个人建立,这点类似于运营一个慈善基金。有些基金,像富达慈善捐赠基金或者嘉信慈善捐赠基金允许将享受税负减免的捐赠存入一个账户,并可以用这个账户为指定的善事拨款。监督捐赠和处理记账工作所需要花费的管理费用可能会根据情况而有所不同,但是大体都会占总资产的 0.45%~1.00%。

意味深长的慈善事业

  在帮助客户制定捐赠计划(作为遗产设计的一部分)时,理财顾问可以利用以下这些有用的小窍门来帮助客户。

- 发现客户的激情所在,关注于客户的捐赠。仔细衡量客户所打算支持的两、三个领域或事业,而后将它们作为客户慈善

第16章 新慈善事业

捐赠事业的中心。客户的捐赠不仅会产生巨大影响,而且会让客户获得一种前所未有的满足感。

- 了解客户的慈善团体。慈善团体有责任向感兴趣的捐赠人提供详细信息。顾问可以向慈善团体索要书面资料和该团体最近年度报告的副本。年度报告应该包括理事会名单、目标宣言以及最近的审计财务报表。
- 查明捐赠款的去处。美国慈善协会提醒,在总捐款数额中,慈善服务项目占60%或更多,一般管理费用和集资成本占40%以下。
- 检查慈善团体的领导层。一个关键问题需要询问:"上一年,该团体的理事会成员中,有多大比例的成员作出过捐赠?"回答最好以80%或更多为宜。如果这些了解该慈善团体的人都不捐赠,你又何必为此奔忙呢?
- 制定捐赠预算。确定客户年度收入中多大比例打算捐给慈善事业。如果有必要,开始时可以先设定一个较小的比例,而后逐年增加捐赠的比例。
- 将慈善捐赠事业世代相传。以身作则,向下一代传授慈善捐赠艺术。指导客户与其子孙们及其他年轻人分享他的价值观,并用客户的亲身实践支持这些价值观。制定道德遗嘱是传递这些价值观的不错方式。

道德遗嘱

通常而言,遗产被认为是物质财产,如不动产、金融资产、珠宝、汽车和古董。立下遗嘱是为了在自己去世后能分散这些物质财产。有些家庭会世代相传某些物品,依靠这些传家宝,"新主人"会感觉到自己与此家族的传统血脉相连。

但是，比给后代留下有形资产更为重要的是更耐久的无形资产。最近，专栏作家理查德·W·鲍尔斯在一篇文章中声称，好遗产价值无穷。"世代相传的'财产'可以帮助后人塑造自己的人生。它植根于牢靠的价值观、谆谆教导、对家族荣耀的自豪感以及生活目标当中。"他进一步解释说，实物财产最终会生锈、腐烂或消失（就好像你眼睁睁地看着钱从指缝中溜走！），与此不同的是，爱、同情、坚定的决心、乐观以及尊重，这些遗产将永远不会消失。

注册理财规划师罗斯·莱文也高度赞誉了道德遗产至高无上的重要性。"我们询问客户，尤其是已退休的客户，什么是他们的价值观，以及他们自身的行为是否符合这些价值观？"除了传统的遗产规划形式，莱文还帮助客户起草道德遗嘱。"不同于金融财产分配，道德遗嘱将谈论，你希望你的哪种品质遗产能够遗留给后代子孙，以及你生活中的其他重要人员，你希望自己的哪种品质被后人铭记？"

道德遗嘱不具有法律约束力，但是，它讲述了客户的个人故事，如梦想、目标、成功以及失败。道德遗嘱向遗嘱受惠人解释了立遗嘱者的重要价值观及支持这些价值观的理由。"如果我能重来一次，我还会作出同样的选择吗？"许多人选择将自己的希望和梦想传给下一代，不是命令后代如何做选择，而是希望子孙能够继承自己的道德伦理准则。

人生的新地图

如果卡尔·荣格是正确的，我们不能根据上半生的计划来过下半生，那么，如何为退休人员定义成功？他们并未年老病衰，还有大好的年头等着他们去享受。下这一定义时，必须考虑这些退休人员希望将什么留给他人、家人、社会以及恒久的记忆。现代社会的退休人员需要"人生新地图",这一词汇来自彼得·拉斯莱特。"人生新地图"不再是只顾自己,而是需要在个人圆满和对他人的责任之间保持必要的平衡。

是的,我们需要休闲;是的,学习和个人发展很重要。但是,我们必须自问,这些都是为了什么?我们休息的目的是什么?我们不断学习、不断成长的目的是什么?从某种程度上来说,必须挑战退休人员,让他们为社会利益以及未来的事业贡献自己的所得。我们的关注必须超越个人的幸福生活。《生命之泉》的作者,贝蒂·弗莱丹写道,"只有动用我们一生积攒的智慧和创造力,不断地解决社会正面临的问题,我们才能为自己的子孙后代留下一笔宝贵的遗产。"

F·斯科特·菲茨杰拉德曾宣称,"美国生活没有第二幕"。一直以来,人们认为这句话的主要意思是,一旦我们的第一幕(工作)结束,我们的生活就失去了意义。但新退休理念绝非如此。拥有第二个儿童期的心态必须加以矫正,并且最终会被拥有第二成人期的理想所代替。在第二个成人期中,我们仍然可以作出贡献,改善周围的世界,并为下一代创造美好的未来。

马克·弗里德曼总结说:"在人生夕阳之际,我们的智力并没有全部丧失……整容手术行业在我们身上拿走了数十亿美元(在年龄歧视日益严重的职场中,中老年就业者纷纷进行脸部拉皮,以便和年轻同事竞争)……主流思想曾认为在'第二个儿童期',我们有机会在'太阳城'以及'休闲世界'等休闲娱乐场所尽情玩耍。但是,对于如何度过人生新的1/3阶段,这种想法不再具有吸引力,纵使在这一阶段里拥有长寿这一大礼物。用文化历史学家哈里·穆迪和托马斯·科尔的话来说,这一人生阶段是'寻找有意义人生的季节'。"

新退休理念中"人生的新地图"这一概念描述了老年,这一人生季节需要保持的生活平衡和寻找的目的.有意义的工作,适当的娱乐、保持精力旺盛、花时间陪伴自己的爱人;最终,集中自己的时间、经历、知识和资源，为后世留下遗产。从某种意义上说，这种遗产将远远大于单个个体的努力，也就是说，我们将毕生的精力投资给人类和事业，能够让我们的遗产不断繁殖。这样，我们才能确保驾鹤西去后，我们的影响力仍能存留人间。坐在你对面的客户并不欠缺这种高尚情操。利用你的技能和专业知识，便可以激发、促进并鼓励他们发扬高尚的情操，为社会作出贡献。

慈善捐赠资源

理财顾问可以使用以下资源指导客户，帮助客户制定慈善捐赠计划。

- 《不要只捐钱就了事：如何充分利用你的慈善捐助》。该书作者是勒娜特·J·拉夫蒂，序言来自保罗·纽曼，目标读者群是有志于社会变革和慈善捐赠的所有收入阶层。不管我们捐赠了多少，或多长时间捐赠一次，我们都应该关注我们的钱到底捐赠给了谁，以及这笔钱最终是如何使用的。

- 妇女慈善协会。尽管妇女一直以来都担当着志愿者和捐赠人的角色，但很少有人认为妇女是慈善家。妇女慈善协会这一全国性组织，致力于帮助妇女们通过引导慈善活动改造自身并改造世界。欲知详情，可以拨打608-270-5205，或登陆妇女慈善协会的网站(http://www.women-philanthropy.org)。

- 指导星。http://www.guidestar.org网站的目标是，提供信息，帮助捐赠人、公益团体及慈善机构快捷高效地获取信息，从而促进慈善事业的发展。有640 000多家非营利组织拥有指导星报告，该报告概述了各个组织的任务、项目、目标、成绩、财务以及领导层。许多报告还包括财务报告、时事通讯和新闻稿。

第16章　新慈善事业

- 捐赠社交圈。加入或成立一个捐赠社交圈可以让客户有机会与他人一同协作，在有利的氛围中亲身实践慈善捐赠。如果想启动捐赠社交圈，了解更多信息以及相关准则，可以登陆http://www.nwgiving.org 或 http://www.newenglandgiving.org。

第 17 章

建立资源和专业人士推荐网

如果某些领域超出了顾问的专业知识范围,顾问该如何指导客户?金融人生规划是一种综合性服务,涉及到人生转变的财务含义和非财务含义。通常,那些希望将金融人生规划应用到实践中去的理财顾问,最担心的就是如何处理超出自己知识范围的问题。

从第 9 章到第 16 章,我们已经讨论了许多概念:金钱的意义、财富的矛盾以及工作在我们生活中的意义。我们还讨论了解决退休生活非财务方面的重要性,以及掌握退休生活新状况的重要性,并认识到新退休理念对于遗产和慈善事业的影响。

现在,顾问或许会问:"我怎么可能解决来自客户生活中各个方面的需要呢?"虽然看到了金融人生规划方法的价值,但是顾问可能会担心,担心自己需要替所有客户解决所有问题,或许,其中有一些问题会超出自己的能力范围。事实正相反,金融人生规划师其实并没有必要成为通才,也没有必要提供所有领域(包括自己不擅长的领域)的服务。

作为金融人生规划师,你最重要的作用就是识别那些具有金融含义的人生大事。因此,你应该集中于改善自己的询问技巧,学会识别客户在生活各个方面的需要。你只需要处理你有能力解决的

第17章 建立资源和专业人士推荐网

环节，并把能够满足客户其他方面需要的合格专业人士介绍给客户。成为别具一格的金融人生规划师的最有效方法之一就是，推荐能够为你的服务锦上添花的其他专业人士。这不仅能够让你在业内与众不同，而且你的服务也将在客户的心中打上不可磨灭的印记。

有人认为金融人生规划师需要同时扮演社会学家、心理学家和私人教练的角色，这一想法是错误的。实际上，许多打算启动人生规划方法的理财顾问，最担心自己无法妥善处理超出自己理财规划专业知识的领域。虽然这些理财顾问承认有必要帮助客户了解人生大事，但是他们仍然感觉理财规划服务或投资信息咨询服务以外的领域，并不是自己的地盘。位于佛罗里达州的意外之财协会会长苏珊·布拉德利的一番话便是最好的证明，"一些理财顾问天生是做客户导师和教练的材料，他们之所以能发挥出这些作用，是因为他们自身个性的影响。如果你并不擅长于此，另外，如果你仍然希望帮助客户了解他们的人生，那么你必须与其他领域的专业人士协作，让他们协助扩展你的服务。"

另外，一些理财顾问会事先让其他领域的专业人士回答某些特定问题，而后当客户需要时，他们可以将此答案告诉客户。例如，芝加哥公平财富管理公司总裁西西利·卡森·梅顿的工作团队中有一名心理学家，这名心理学家向梅顿的工作团队提供相关信息，这些信息被认为是所提供的服务中不可缺少的一部分。而且，这名心理学家还可以和客户合作，举行专题讨论会。还有些理财顾问已经与私人教练、健体教练、营养学家，以及其他能够直接服务客户或仅仅充当信息源的专业人士之间建立了合作关系。因此，如果顾问能够向客户推荐众多领域中训练有素的专业人士，客户自然会认为他"才源滚滚"。

现实中，理财顾问已经开始寻求与其他金融专家，比如税务会计、遗产规划师以及律师之间建立战略性联盟或合作。而且，金融人生规划师已经在不断拓展自己的专业人士推荐网,在推荐网中,不仅包括其他金融专家,还包括聚焦人生规划非财务方面的其他领域的专业人士。这些专业人士推荐网可以支持并提高理财顾问的服务水平。通过这种方式,理财顾问就可以善用其他专业人士的知识,从而避免了充当"通才"。

增强你作为向导的作用

在众多金融专业人士中,理财顾问可以添加到专业人士推荐网中的有保险代理人、房地产抵押银行家、信贷员、会计师和律师。另外,还有许多其他专业人士可以帮助客户作出重大人生决定,比如购买和出售房屋、家族企业继承、事业转型以及对亲人的长期照顾。还有些专业人士可以帮助客户解决人生重大的情感问题,比如丧亲顾问和离婚专家。顾问或许还想为寻求事业转型的客户推荐私人教练。

为了建设属于你的专业人士推荐网,你需要识别各个领域的专家是否以客户为中心、是否训练有素、是否致力于职业成长和发展,以及是否具有较高的职业道德标准。你最想将其加入进来的专业人士,一定曾和你合作过,并且,他们的知识水平和服务质量给你留下了深刻印象。为了熟悉其他高质量的专业人士,你还可以加入一些组织,比如扶轮社、基瓦尼俱乐部或者当地商会。你也可以让朋友和同事推荐一些人。如果你确认这些专业人士能够为客户增值,你可以约见他们,以便更好地了解他们。你可以询问一些问题,衡量他们的业务经营哲学。

将专业人士推荐给客户后,你还要进行跟踪服务,确保客户对这一专业人士提供的建议和服务感到满意。毕竟,你只想与那些能够提供同等高质量服务的专业人士保持合作关系。

第17章 建立资源和专业人士推荐网

与专业人士推荐网相比,战略联盟是另一种专门的专业人士交际网。通常,双方会签署一份有关服务和期待薪酬的正式协议。例如,两名专业人士会联合提供处理金钱和生活的综合方法。几年前,海恩斯金融顾问公司的总裁查尔斯·海恩斯首先涉及了理财规划的软领域,他雇用的兼职咨询师曾帮助家庭成员表述自己对金钱和快乐的深层感觉。

组建人生规划工作团队

大多数理财顾问都有一个专业人士名单,只要打个电话,这些人就会提供对客户有用的建议,但是这个名单往往不正规。顾问有机会建立一个由众多专业人士组成的正规人生规划工作团队,依靠与他们的合作关系,顾问可以打出自己作为金融人生规划师的品牌。请注意,顾问没有必要在自己的业务实践中提供心理学或私人教练的服务,相反,顾问应该向客户展示自己有能力向他们推荐某一特定领域的专业人士。顾问可以做些"跑腿"的工作,去发现知识渊博的高人,并将他们引荐给客户。顾问还可以向客户证明,自己有兴趣使用综合方法规划客户的人生,并且能够识别出客户需要哪些其他领域的知识的帮助(这些领域与理财规划并不直接相关)。

最后,通过建立由非金融专业人士组成的人生规划工作团队,顾问的作用已经发生了转变,他不再是专家,而是"进入点",只有通过顾问,客户才能了解与人生规划相关的主要事宜。换句话说,顾问不必再是专家,他只需要知道专家在哪里。

看看你的工作团队，就可以了解你

不管推荐的是哪种专业人士，理财顾问都想确保客户在他们那里得到了良好的服务。每一次推荐外界专家，客户对顾问的信任都会受到一次考验。如果顾问的专业人士推荐网中的人选无法与顾问保持同等质量的服务，顾问的声誉就会受损。因此，需要一些标准来衡量外部专业人士的服务质量，以下标准可作参考：

- 他们在自己领域以及业内的声誉。
- 他们如何服务自己的客户。
- 在人生规划领域，他们的价值观念是否与你的相同。
- 他们有效沟通的能力。
- 他们对商业机密的看法。
- 竞争项目和服务时，他们的效率水平和时机掌握。

如果顾问能网罗那些和自己具有相同价值体系的专业人士，那自然再理想不过。这里有个很好的例子。国家遗产规划代理人网络的遗产规划代理人正准备采用人生规划模式，去代替单纯的业务办理模式。根据达拉斯的一名遗产规划代理人布拉德·卫维尔所言，在该网络中，大约有 400 名代理人正在采用"三步战略"的人生规划模式。这"三步战略"包括：

- 更多的咨询服务。"大部分遗产规划只是文字处理，"卫维尔说，"而目前，个人咨询服务的需求量非常大。"一般而言，大约需要 9～10 个小时与客户深入讨论一些事宜，如再婚、保护孩子的继承权、可撤销的生前信托以及道德遗嘱。（咨询服务还包括 3 小时的客户教育讨论会。）
- 正式的更新系统。客户的资产常常与他们的信托资产不一

第17章 建立资源和专业人士推荐网

致。代理人，比如卫维尔，会与其他金融专业人士合作，从而确保客户的所有资产汇入同一条河流，并且完全符合遗产规划。每年，客户都会更新信托资产。

- 使用固定收费。卫维尔说，客户的资产好似冰山，客户意识到的问题只是冰山的一角，而所有的隐藏问题都有附加成本。使用固定收费支付方案降低了遗产处置成本，并使相关的费用具有可预测性。

私人教练

对许多理财顾问而言，另一个具有战略意义、值得推荐的专业人士就是私人教练。一位理财顾问告诉我们，他与一名私人教练商谈完价格后，他每月支付给这名私人教练一定的费用，让他向客户提供帮助，指导客户制定人生计划，或处理一些特殊的人生问题。服务收费依教练所花时间而定。教练可以在顾问需要服务的时候随时提供。顾问还在一本向客户分发的小册子上刊登了相关广告。

最近的数据显示，人生教练日益流行并不是一时的风气。位于华盛顿特区的国际教练联合会表示，目前全美国大约有10 000名全职和兼职的人生教练。私人人生指导服务安全、方便（没有什么恶名声），大部分工作只需要一根电话线就可以进行。

在客户专题研讨会中使用外界专业人士

许多理财顾问越来越倾向于金融专题研讨会，而且是从综合或人生规划的角度展开研究，而不是金融产品介绍活动。如果顾问不愿意与客户谈及某项人生大事，但是仍然对这个客户有一定的兴趣,那么这正是引入外界专业人士,谈论这一主题的好时候。这么做,不仅向客户表明,顾问有兴趣关注他们人生规划的各个方面,而且巩固了顾问作为"进入点"或人生规划环节不可缺少的向导的作用。

建立牢靠的专业人士推荐网的关键

许多理财顾问在专业人士推荐上取得的成绩令人惊叹,以下是我们从他们那里收集来的实用小窍门。要想与其他专业人士间实现双赢,其实很简单,刚开始时,顾问只需要向对方表示,自己愿意向客户推荐他们,并帮助他们拓展业务。

在建立专业人士推荐网的过程中,顾问必须"报之以桃"。关系的建立是双向的,如果顾问打算邀请某一专业人士和自己一起组成战略联盟,顾问必须确保能够回报他们些什么。最简单的方法就是向他们推荐客户。但是,如果顾问的现实处境使自己不能立即向他们推荐客户,那么可以采用以下实用小窍门,向他们表示诚意,这是个好开头,可以帮助双方之间建立起良好的合作关系。

- 索要名片或宣传小册子,顾问可以在办公室里使用这些名片或小册子,还可以把它们给客户。
- 邀请这名专业人士写一篇简短文章,顾问可以将这篇文章刊登在自己的网站上,或自己的业务通讯上。顾问需要确保这篇文章只是信息简介,而不是推销传单。
- 为这名专业人士的网站或业务通讯起草一篇文章。
- 与这名专业人士一起联合举办一场教育研究会或专题研讨会,邀请自己的客户和客户的客户参加,集中讨论融合双方专业知识的议题。
- 与其他专业人士一同创建早餐俱乐部或战略联盟工作组,共

第17章　建立资源和专业人士推荐网

同寻找联合营销机会。

专业人士推荐市场远不仅仅是向客户推荐一群专业人士，它也可以通过这些专业人士向客户展示顾问自己。

生意场上的每一个人都有意发展新客户。建立成功的专业人士推荐网的关键在于，牢记在收获之前，你必须先付出。如果顾问能够找到方法，直接向战略联盟提供业务，他将会发现，战略联盟的其他合作方也极其愿意以同样的方式协助自己。

双方能够不断地从对方那里获得好处，合作关系才能维持下去。当顾问和其他专业人士建立起战略联盟后，顾问得到了其他专业人士的知识和声望，接触到他们的客户，并提升了自身提供的服务。反过来，其他专业人士得到了什么？在与顾问打交道的过程中，他们在寻求同样的回报。切记，如果想让战略联盟长期维持下去，自己这一方必须不断地给战略联盟注入新的活力。

顾问所推荐的专业人士是顾问自己声望的外延，一旦向客户推荐该专业人士，顾问的声望就脱离了自己的控制。因此，顾问必须对自己向客户推荐的专业人士完全有把握。运转良好的专业人士推荐网是一种明智方法，可以推介顾问的服务，让其成为与众不同的金融人生规划师。

第 18 章

开发客户的"财"商

　　如果接受更多的财务教育,客户对财富的看法能否得到改进?我们认为这完全取决于教育的类型。大把大把的聪明人一旦涉及到钱,就总会作出愚蠢的选择。愚蠢到连自己都羞于向外人透露自己的蠢行,至于浪费了多少钱,就更是难以启齿了。在调查当今的财务教育时,我们发现,向客户教授基本财务知识,让他们了解到自己的行为、态度、信仰以及个性是如何加快或妨碍自己的财富积累的,这一点非常重要。大部分理财顾问敏锐地注意到,如果客户不能从情感上重视自己的金融行为,那么即使具有再多的金融知识也于事无补。

　　根据嘉信理财投资研究负责人,CFA(特许金融分析师)马克·里普所言,"据心理学和行为金融学显示,一些极具决断力的模式正深深影响着人们。如果理财顾问能够考虑到这一点,将会更好地制定成功的财务计划。"大部分财务教育方法都不能充分阐述基本财务知识的关键部分,比如,你的情感、态度和行为模式如何影响你的财富积累过程以及你所需的达到目标的能力。里普还认为,"必须不停地教育客户。接受财务教育后,不仅客户的金融资本会扩大,他们的智力资本也将增加。"我们逐渐了解到,客户越聪明,越是好

第18章 开发客户的"财"商

客户,他们的计划成为泡影的可能性就越小。

将理性上与情感上的财务教育合二为一,这一想法已经成型,而且已经发展成为一种全新的综合财务教育方法(也称为"财务诊断"法)。财务诊断法是财务知识与情商相结合而产生的方法。这种稳妥的方法可以帮助我们了解有利事实,了解客户的个人情感因素,并根据相关信息检查自身的行为。"财务诊断自我评估"工具可以帮助人们评估他们应该注重哪一"财"商领域。这一主观工具会帮助客户评定自己的积极财务知识及习惯的等级。通常,这些积极的财务知识和财务习惯将有利于客户的财富积累,并以此过上财务健康的生活。

以下几点简要地说明了情商对个人财务状况的影响。

- 与智商相比,情商对客户的财务成功有更大的影响。
- 如果一个人的情感影响了他的理性,他就无法作出合理的财务决定。
- 如果缺少足够的情商,客户的财务决定就会理由错误,动机不当,因而会阻碍其财务目标的实现。

如果射手没有射中,他就会反思,并在心中默默查找过错。没有射中靶心决不是靶子的错。为了实现目标,你应该自我改进。

——吉尔伯特·阿尔朗

调查显示,智商的影响力最多只占事业成功因素的25%。一份更详尽的分析表明,确切数字也许不超过10%,甚至只有4%。最近的情商研究揭示出,情商(占成功因素的80%~85%)极大地决定了个人能否在事业上以及人生中取得成功。以下这个故事讲述了情商研究的起源。

1960年,心理学家沃尔特·米歇尔做了一个著名的实验。在斯坦福大学的幼儿园里,老师给一群4岁的小孩每人分发了一块软糖,并对他们说,老师要出去一会儿,如果他们在老师回来之前没有吃掉这块软糖,就会再得到一块软糖,否则,就得不到。时间过得真慢啊,终于大约15～20分钟过后,老师回来了,还真有相当多的孩子在老师回来之前没有吃掉自己眼前的软糖。为了熬过这段时间,这些孩子使用了不同的方法。有的闭起眼睛,拒绝诱惑,有的把头放在手臂上,或是唱歌,或是自言自语,数数脚趾和手指,有的孩子甚至努力让自己去睡觉。而剩余的孩子,在老师刚一出门的那一刹那,已经把软糖吞下了肚,有一些甚至还嘲笑那些克制自己不要吃糖的小孩。

研究到这里还没有完。在接下来的几年中,米歇尔对这些4岁小孩进行了跟踪调查。这些孩子进入青春期,随后从高中毕业。立即吃糖的小孩和为了奖赏一直忍耐没有吃糖的小孩,在情绪控制和社会交往上具有明显的区别。在4岁时就忍住诱惑的小孩往往更具有社交能力,影响力大,自我肯定、自持能力较强;在压力和挫折面前,仍然能够保持冷静;喜欢挑战,自信,值得信赖,可靠,主动性强。长大后,在追求目标的过程中,他们仍然能抵挡诱惑,并最终获得回报。他们的学术水平测验考试成绩甚至比那些贪吃软糖的小孩高出20%以上。

以智商为基础的系统具有许多积极作用,但却不能正确预测一个人能否在他的人生中取得成功。这一事实是心理学界长久以来一直想揭示的秘密和企业界所存在的困扰。智商高的学生未必能在个人生活或工作生活中获得最大的成功。换句话说,你是否碰到过有人的确才智过人,却又愚笨无比?我经常询问这个问题,当然,至于谁是这样的人,每个人心里都有数。当我询问如何定义"才智过人,却又愚笨无比"时,得到的答案大多是"他们缺乏常识","看不到大局","缺少人际交往能力","不懂人情"。虽然这些答案有些含糊不清,但过滤之后,你就会得到一个清晰的描述:一个智力超群,却情感迟钝,不愿意与他人接触的人,有时甚至会很危险。

这类人似乎有意疏远他人,难以控制自己的情绪冲动。结果,

第18章 开发客户的"财"商

由于情商低,他们总容易冒犯别人,这无形中就会阻碍其自身计划的发展,并使他们无法获得成功。

相同的规则同样适用于"财"商领域。在财务知识方面,常规方法一直都只关注金钱管理的智力因素,疏忽了情感因素,对两者的重视程度不成比例。而事实上,情感因素对一个人能否取得财务成功具有极大的影响。

有些人可能在其他方面依靠努力获得了成功,而在财务生活方面却是一塌糊涂。这里就有几个例子。

- 琼的工作不错,工资可达6位数。即使她的工资每年都有大幅度增长,但她似乎还是无法存下多少钱,更别提为自己的未来投资了。

- 3年前,约翰从祖母那里继承了一大笔遗产。如果管理妥当,这份大礼可以保证他余生不用再为钱发愁。然而,他整日惴惴不安。财务管理责任不断挑战他的自信,还导致他焦虑,消沉沮丧。

- 蒂娜最近刚从法学院毕业,而且在旧金山一家顶级律师事务所谋得一职。虽然刚刚工作,她的起薪就很高,然而,她发现仍然没有足够的钱支付生活费用、汽车贷款和学生贷款。为了达到事业目标,她作出了许多牺牲,所以财务问题让她感到恼怒、不安。

- 提姆想要对自家的预算实行微管理,这快要把凯伦逼疯了。他们已经结婚5年,提姆好似得了强迫症,并越来越注重关于钱的事情。为了维护自己的独立性,凯伦经常进行购物大狂欢。

- 单身、50岁的琳达发现财务事宜乏味、不易理解。她的父亲已经退休,手里有大把的时间,希望能够替琳达处理她身边任何棘手的事情。他检查琳达的所有账户,并为她做所有投资决定。

读者可能熟悉上述情景，因为几乎每个人都曾经历过复杂、困难的财务处境。正如以上这些例子所表明的，良好的财务状况不仅取决于你拥有多少钱，而且取决于你如何花钱，将钱完美地应用到生活的各个方面。很明显，钱买不来快乐，但是让客户了解到他们的金钱信仰和态度会影响他们的生活质量以及与他人的关系，这一点非常重要。

学习金钱管理和财务规划的基本知识可以提高客户的自信心，帮助他们作出正确的财务决定。另外，了解到财务态度和行为存在潜在的情感动机，也有利于客户实现自己的人生目标。如果客户挣钱、消费以及投资的方式与自己的价值观和人生优先次序相符，他们就会感到一种使命感和满足感。

对于每一个人来说，自省是理解和改善自身与金钱之间的关系的一个基本因素。财务诊断可以促使客户认真思考财务生活的实际情况及其情感要素。这一工具可以引导理财顾问评估有助于客户获得成功、满意的财务生活的五大因素：自我认知能力、抗挫折能力、财务规划能力、人际关系以及明智行为。图表18.1略述了构成"财"商的理性模块和情感模块。

财务诊断评估了图表18.1中的所有模块。客户评估等级较低的部分可以通过聚焦相关教育模块进行提高。图表18.2是一份财务诊断副本。顾问也可以使用财务诊断工具来帮助客户，该工具可以帮助顾问推动与客户之间关于财务健全度的理性方面和情感方面的对话。

第18章 开发客户的"财"商

图表 18.1　　评估财务健全度的五大系统

1. 感觉系统：自我认知能力。了解实务知识和情感关注在实现财务健全目标中的作用。("财务诊断自我评估"中的第一部分)

   诊断：

   - 了解用钱历史、金钱信仰和行为模式。
   - 理清财务目标和人生优先次序。
   - 评估风险容忍度。
   - 评估财务生活的满意度。

2. 免疫系统：抗挫折能力。有能力顺利度过人生转变，一旦财务受到挫折，能够卷土重来。("财务诊断自我评估"中的第二部分)

   诊断：

   - 构建财务保护基础。
   - 拓宽收入渠道。
   - 掌控财务命脉。
   - 增强财务技能和知识。

3. 呼吸系统：财务规划能力。有动机、有能力最大化相关资源，实现财务健全目标，提高人生满意度，维持充足的财务"活动空间"。("财务诊断自我评估"中的第三部分)

   诊断：

   - 组织整理财务记录和财务活动。
   - 根据人生目标和价值观制定财务目标。
   - 制定资金管理战略，其中包括债务缩减和消费计划。
   - 主动实现财务目标并赢得财务独立。

4. 心脏系统：人际关系。接触那些能够提高财务健全度和人生满意度的人。("财务诊断自我评估"中的第四部分)

   诊断：

   - 提高与钱有关的沟通技巧和人际关系互动能力。
   - 评估对各代人的财务责任。
   - 构建与财务专业人士之间的良好合作关系。

图表18.1（续） 评估财务健全度的五大系统

- 参加捐赠和慈善事业。

5. 生活方式和明智行为。将财务目标和价值观以及人生联系在一起。（"财务诊断自我评估"中的第五部分）

诊断：

- 从事有意义的"工作"。
- 设法理解和获得真正的"财富"。
- 追求和谐、有意义的生活。
- 终身努力，提高财务健全度。

自省是理解和改善自身与金钱之间关系的基本要素。财务诊断的第一项是评估客户财务健全度的五大因素：自我认知能力、抗挫折能力、深谋远虑、人际关系以及明智行为。下一步是按照这些信息采取行动。财务诊断的第二项是集中采取有效方法，帮助客户提高相关领域的财务健全度。

在接下来的5章中，我们会逐个击破"财"商的5大组成部分，即自我认知能力、抗挫折能力、财务规划能力、人际关系以及明智行为，并且会对财富积累的整个过程做一综述。客户自己也可以进行相关诊断，从而让自己的财务生活变得更成功、更和谐。

第18章 开发客户的"财"商

最佳零售银行缔造方法

图表 18.2　　　　　财务诊断自我评估

Financial *Life* Planning INSTITUTE

WEALTH-CARE

PIANNG

财务诊断
自我评估

目的：

财务诊断是理解和改善你与金钱之间关系的关键一步。财务诊断自我评估及工作手册可以让你更加注意财务健全度的众多方面。

说明：

在40个问题中，快速选择最能反映你的感觉和行为的答案。应以你的第一感觉为准。在右栏中填上你所选择的答案对应的数字。回答完所有问题后，小计每一部分的总数。在最后一页，填写你的财富护理总分。

图表18.2（续） 财务诊断自我评估

第一部分	财务感觉系统	数字
1	我的财务生活是我受挫和内心冲突的缘由。 1．始终同意　2．　3．不完全同意　4．　5．完全不同意	
2	我对财务问题不感兴趣。 1．始终同意　2．　3．不完全同意　4．　5．完全不同意	
3	我已经确定了财务目标。 1．根本不像我　2．　3．不完全像我　4．　5．完全像我	
4	我已经很好地理解了我人生这一阶段需要解决的重要财务问题。 1．根本不像我　2．　3．不完全像我　4．　5．完全像我	
5	只有被保证不会有损失的情况下，我才考虑投资。 1．完全像我　2．　3．不完全像我　4．　5．根本不像我	
6	快速致富的诀窍和想法非常吸引我。 1．完全像我　2．　3．不完全像我　4．　5．根本不像我	
7	我感觉到目前为止， 1．远远没有实现自己期待的财务目标。 2．稍稍落后于自己期待的财务目标。 3．刚刚实现自己期待的财务目标。 4．比自己期待的财务目标好一些。 5．大大超过自己期待的财务目标。	
8	我担心晚年没有足够的钱养老。 1．完全像我　2．　3．不完全像我　4．　5．根本不像我	
	小计	

第18章 开发客户的"财"商

图表18.2(续)　　　　财务诊断自我评估

第二部分	财务免疫系统	数字
9	我的财务已经得到很好的保护,长期疾病、残疾、长期护理和股票市场低迷无法对我的财务造成巨大损失。 1．根本不像我　2．　　3．不完全像我　4．　　5．完全像我	
10	如果我一个月没有发薪水,我的财务就会出现重大问题。 1．完全像我　　2．　　3．不完全像我　4．　　5．根本不像我	
11	我的技能、知识和才能可以转变成钱,而且在人才市场上很抢手。 1．根本不像我　2．　　3．不完全像我　4．　　5．完全像我	
12	在过去,如果我需要或想挣钱,我总是有能力找到办法挣到钱。 1．根本不像我　2．　　3．不完全像我　4　　　5．完全像我	
13	当想到未来的财务状况时,我总是很灰心丧气。 1．始终同意　　2．　　3．不完全同意　4．　　5．完全不同意	
14	如果我的收入减少一半,我仍然能顺利度过这一难关。 1．根本不像我　2．　　3．不完全像我　4．　　5．完全像我	
15	我觉得自己拥有建立财务安全的技能和知识。 1．根本不像我　2．　　3．不完全像我　4．　　5．完全像我	
16	金融术语和行话很容易让我感到混乱。 1．始终同意　　2．　　3．不完全同意　4．　　5．完全不同意	
	小计	

图表 18.2（续）   财务诊断自我评估

第三部分	财务呼吸系统	数字
17	我的财务记录组织良好。 1. 根本不像我 2. 3. 不完全像我 4. 5. 完全像我	
18	我已经得到财务状况评估方面的帮助。 1. 根本不像我 2. 3. 不完全像我 4. 5. 完全像我	
19	我的金钱管理方式与我的人生优先次序相符。 1. 始终同意 2. 3. 不完全同意 4. 5. 完全不同意	
20	估计还需要多长时间才有能力过上自己想要的生活： 1. 不知道 2. 10 年以上 3. 6~10 年 4. 1~5 年 5. 我已经过上这种生活了	
21	关于我的储蓄习惯： 1. 过度消费，债务缠身 2. 月光一族，毫无储蓄 3. 尽力储蓄 4. 定期储蓄，但是不多 5. 定期储蓄，数量不少，已实现目标	
22	我总是一时冲动出去购物。 1. 完全像我 2. 3. 不完全像我 4. 5. 根本不像我	
23	我正在充分利用有利税率退休计划，比如 IRA、401（k）、延期支付等。 1. 根本不像我 2. 3. 不完全像我 4. 5. 完全像我	
24	我定期查看迈向财务目标的进度。 1. 根本不像我 2. 3. 不完全像我 4. 5. 完全像我	
		小计

第18章 开发客户的"财"商

图表18.2(续)　　　财务诊断自我评估

第四部分	财务心脏系统	数字
25	财务问题使我的许多重要人际关系变得紧张。 1．始终同意　2．　　3．不完全同意　4．　　5．完全不同意	
26	当家庭成员讨论财务问题时，我感到受挫。 1．始终同意　2．　　3．不完全同意　4．　　5．完全不同意	
27	我正在考虑支付高等教育费用的影响。 1．完全像我　2．　　3．不完全像我　4．　　5．根本不像我	
28	财务欠缺和家人(配偶、孩子、父母等等)需求之间的矛盾总让我为难。 1．始终同意　2．　　3．不完全同意　4．　　5．完全不同意	
29	与金融专业人士讨论我的财务问题时，我感到很舒服。 1．完全不同意　2．　　3．不完全同意　4．　　5．始终同意	
30	我相信自己有能力评估得到的财务建议是否正确，是否合适。 1．根本不像我　2．　　3．不完全像我　4．　　5．完全像我	
31	我挣钱的一个主要目的就是帮助他人，支持慈善事业。 1．根本不像我　2．　　3．不完全像我　4．　　5．完全像我	
32	慈善捐赠是我目前财务计划的主要组成部分。 1．根本不像我　2．　　3．不完全像我　4．　　5．完全像我	
	小计	

图表 18.2（续）　　　财务诊断自我评估

第五部分	财务生活方式	数字
33	如果能够的话，我会改变自己的工作方式。 1. 始终同意　2.　　3. 不完全同意　4.　　5. 完全不同意	
34	我会从事那些让我的人生具有目的感的工作，无论有薪还是无薪。 1. 完全不同意　2.　　3. 不完全同意　4.　　5. 始终同意	
35	有一段时间，我无法弄清楚什么对我是最重要的。 1. 完全像我　2.　　3. 不完全像我　4.　　5. 根本不像我	
36	为了寻找快乐，我曾花费太多的金钱。 1. 完全像我　2.　　3. 不完全像我　4.　　5. 根本不像我	
37	我感觉，我没有花费足够的时间与自己爱的人（亲人和朋友）在一起。 1. 始终同意　2.　　3. 不完全同意　4.　　5. 完全不同意	
38	我感觉自己的生活整日就是为了赚钱。 1. 始终同意　2.　　3. 不完全同意　4.　　5. 完全不同意	
39	我有动力为自己的财务生活负责。 1. 完全不同意　2.　　3. 不完全同意　4.　　5. 始终同意	
40	我正致力于发现哪些情感因素阻碍我实现财务健全目标。 1. 根本不像我　2.　　3. 不完全像我　4.　　5. 完全像我	
	小计	
在每一部分中，小计数字得分。每一部分的小计最大为 40。将每部分的小计得分填入右边的方格中，累加得出你的财富护理总分。财富护理总分最大为 200。	第一部分小计 第二部分小计 第三部分小计 第四部分小计 第五部分小计 财富护理总分	

Financial Life Planning Institute

www.financiallifeplanning.com

Copyright 2003 Mitch Anthony · www.mitchanthony.com · 507-282-2723

第19章

财务感觉系统：了解个人财务问题

在成长的过程中，每次花钱，我父亲总让我感觉自己像在犯罪。除了生活必需品外，他几乎什么都不买。而且，他会严格盘问我们的花销，每次盘问后，都会无一例外地责备一番："好吧，这是你的钱。只要缺钱时你不到我这里来哭诉就行了。"在我30多岁，当有人问及我家里如何安排钱时，我才清晰地认识到，我一直在反抗父亲的吝啬。我挣的钱不少，却没有任何储蓄，花钱没有节制，购买大量物品，无论我能否支付得起。在这个过程中，我自己本身就是取得财务成功的最大阻碍。我现在开始知道浪子回头了。

——辛迪·H，客户，41岁

前面这段话听起来好像是一位客户在心理咨询师面前唠家常，实际上，这是一位理财顾问的客户。当被询问在过去是否严于律己，常常存钱时，这位客户做了以上答复。她的这番话表明，她有多么不了解其个人成长背景、金钱信仰和行为模式的逆反影响，而它们直接影响到的是一个人的财务健全度。

"财"商话题内容广泛，不仅仅是了解如何解释市盈率、最大化税收优惠投资机会，或平衡投资组合这么简单。聪明人容易在钱上犯糊涂,投资者一般很难注意到自己的致命伤和性格上的弱点。有些人一边幻想着成为金融行话的"活字典",一边大脑发热,将苦苦挣来的钱扔进火坑,原因就是他们没有注意到自己的短处。这是许多人的通病。

"财"商的主要构成因素就是"自我认知",它是通向其他因素的起点。财务诊断的自我认知方法就是综合使用信息、逻辑等硬科学手段与理解情感的作用这一软科学手段。

必要的财务自我认知包括四大组成部分:

1. 了解用钱历史、金钱信仰和行为模式。
2. 理清财务目标和人生优先次序。
3. 评估风险容忍度。
4. 评估财务生活的满意度。

财务认知需要了解实务知识和情感因素在实现财务健全目标中的重要作用,要求客户能够自省,袒露是什么塑造了他与金钱的当前关系。一旦客户开始起步,财务认知就好似超强催化剂,能帮助客户快速树立并发展成熟的金钱观念。

诊断1:了解用钱历史、金钱信仰和行为模式

使用财务诊断方法,理财顾问可以引导客户回忆过去,追查可以帮助他们理解目前财务生活现状的线索。回忆从早年的经历开始,这样客户就能发现是哪些经历塑造了他们潜在的金钱信仰和金钱态度。跨越客户一生的挣钱、储蓄、投资和捐赠方式便开始逐渐浮出水面。图表19.1中的问卷清晰表明了过去的经历和目前真实财务状况之间的联系。在讨论会上,提出这些问题可以有效帮助客户了解自我,促进理财顾问、客户以及其他会议参与者之间的对话。

第19章　财务感觉系统：了解个人财务问题

图表19.1　反映你的用钱历史、金钱信仰和行为模式

以下问题可以引导客户回忆过去，追查可以帮助他们理解目前财务生活现状的线索。

1. 在你的家庭成长中，钱主要用来奖励、惩罚、维持生存、提前预支、控制他人、帮助他人、娱乐、购买他人的爱、实现目标，或是＿＿＿＿？
2. 你妈妈的消费模式/储蓄模式是怎样的？你爸爸的呢？
3. 当你还小时，你认为自己的家庭富有、贫穷，还是＿＿＿＿？
4. 在你的成长中，关于钱，你学到了什么？
5. 在你的家里，钱是"问题"吗？冲突的根源？还是实现目标的工具？
6. 你从什么时候开始挣自己的零用钱？
7. 还是孩子时，关于钱，你学到的最重要的一课是什么？
8. 长大后，关于钱，你学到的最重要的一课是什么？
9. 在你目前的财务生活中，你是挥金如土，还是节俭成习？
10. 对于你目前的财务状况，你是逃避，还是担心？
11. 在你的内心深处，你希望钱能够给你带来什么？
12. 在你的重要人际关系中，钱是否曾是"问题"，或是冲突的根源？
13. 哪些与金钱有关的习惯让你更接近自己的人生目标？
14. 哪些与金钱有关的习惯阻碍你实现自己的人生目标？
15. 哪些事或人对你的财务哲学影响最大？怎样影响的？为什么？

诊断2：理清财务目标和人生优先次序

我曾参加过一场目标设定讨论会，会后，我认识到一个残酷的现实：我一直在做白日梦。我从来都没有实现过自己设定的目标。计划与最终的结果之间毫无关联，而且我的梦想和自己的财务状况并不相符。简单地用精确的语言清晰表达我的目标以及希望实现目标的时间，可以促使我在生活的各个方面，包括金钱方面，符合这一目标。

——雷吉·O，客户，44岁

许多客户的意图、白日梦、渴望以及对未来生活的展望纠缠在一起，混乱不堪，而真正的希望却被掺杂在当中，模糊不清。各种想法之所以混乱是因为无组织性。几乎很少有客户能够坐下来，明明白白地表述自己的短期和长期目标，并制定好实现目标的计划和期限。我们必须承认，客户迫切需要一个组织严谨的方法来帮助他们沿着梦想的方向前进。

- 你的目标是什么？
- 你为什么希望实现这一目标？
- 实现这一目标，需要付出什么？
- 在你人生的现阶段，这一目标的重要性有多大？

理财顾问可以利用这些问题帮助客户制定目标，确立有助于实现目标的财务计划以及目标完成期限。有些客户认识到了目标背后的原因，于是开始重新评估这一目标，并且更改了这一目标在人生优先次序中的位置。有些客户意识到实现这一目标需要付出什么代价后，他们要么放弃目标，要么仍然斗志昂扬。有些客户打算在更合适的时间实现这一目标，而有些客户一旦看到了成功的代价，反而会变得更坚决、更集中精力、更乐观。有些客户认识到，虽然自己的目标崇高、可行，但时机却与目前生活中的其他大事和人生转变不符，于是他们打算在今后某一更适宜的时间实现目标。

为了让这个过程变得更简单些，理财顾问可以邀请客户将自己的目标填入图表19.2。这些目标可以包括：MBA学位、装修房屋、前往法国旅行以及长期的健康保障。然后与客户一起评定哪些是白日梦，哪些是可以实现的目标。完成图表19.2后，让客户评出他们对每一目标所赋予的优先次序（A、B、C……）。

第19章 财务感觉系统：了解个人财务问题

图表19.2　　　　　　　　　阐明你的目标

短期目标及其在人生优先次序中的位置（1~3年）

人生目标	原因	代价	在人生优先次序中的位置

中期目标及其在人生优先次序中的位置（3~5年）

人生目标	原因	代价	在人生优先次序中的位置

长期目标及其在人生优先次序中的位置（5年以上）

人生目标	原因	代价	在人生优先次序中的位置

诊断3：评估风险容忍度

顾问需要了解其客户，评估风险是客户和理财顾问之间相互发现、彼此了解过程的最基本要求，尽管世界对这一点仍然存在争议。理财顾问已经开始认识到评估风险的重要性，但是在与客户相互适应的过程中，却常常会忽视它。当发生国际大事件或经济大新闻时，客户蜂拥打来电话，语气甚是不安、狂躁。如果面对风险时，客户会如此局促不安，那么这要么是客户，要么是理财顾问，或双方都没有认识到自己真正的风险容忍度。

或许有人认为，以上观点站不住脚。他们说，只有真正的风险找上门来，一些客户才能确切了解自己的风险容忍度有多大。甚至还有一些人声称，只有到了那个时候，才能确定其风险容忍度。

但是，这些言论并不都是好借口，它们并不能免除理财顾问风险评估过少的罪责，而缺乏足够的风险评估，会导致客户在动荡时期惊慌失措。在说服客户进行投资时，理财顾问能够而且应当尽全力让客户意识到投资利弊的真实含义。

纽约遭恐怖袭击后，一位顾问告诉我们："恐怖袭击后，不止一个客户惊慌失措地给我们打电话，对此，我一点都不感到意外。我们一直周详地与客户讨论着每一投资的内在风险。如果有一点点迹象表明，投资一旦不利，客户就会感到狂躁不安，甚至昏厥，我们从一开始就一定会尽全力劝阻他们投资。我们告诉他们，我们必须在投资回报目标和让他们在麻烦时期好好睡上一觉之间作出选择。"

第19章 财务感觉系统：了解个人财务问题

定义风险

风险指的是遭受损失的可能性。就财务决策而论,我们在内心中都会计算我们有可能面临的风险和获得的收益。有些人更关注潜在的损失(风险),有些人则更关注他们潜在的收获(收益)。下面的故事就是一个很好的例子。

在大型建筑公司工作的卡尔拉最近获得了晋升。经过认真考虑,她打算购买一辆新车。有辆新车会带来很多好处,比如,独立交通工具、旅费津贴、在客户面前塑造成功人士形象、情绪高涨、斗志昂扬。另外,她也考虑到了相关风险,比如,保险费增加、买车分期付款会减少她的退休计划投资、汽油和维修费用、财务责任增多会增加她的心理压力等等。

在做财务决定时,你的客户是否特意权衡了他们潜在的风险和收益?这一权衡倾向于理性,还是感性?换句话说,他们的权衡是取决于事实,还是完全凭借感觉?

就投资而论,在询问客户的风险容忍度时,我们实际上是在询问客户对损失可能性以及收益可能性的情感反应。对于风险,不同的人会有不同的反应,极端的反应好似甲之熊掌,乙之砒霜。一些人厌恶风险,他们更为关注损失部分。对于他们来说,风险会导致焦虑。他们认为自己财富的稳定性高于一切,为了保证这一点,他们愿意放弃较高的投资收益。

而另一些人则偏好风险,他们更注重的是自己的收益部分。为了快速致富,他们愿意冒险赌一把。对于他们来说,能够获益的潜在机会让人兴奋,相关的风险更能刺激他们的肾上腺素。

以上两类人权衡风险时更多取决于他们自己的感觉,而非事实。无论是厌恶风险,还是偏好风险,他们都处于经济的"危险区"。

他们把钱看成一种商品,而不是实现目标的工具,这种观念会危及他们的长期财务安全。

幸运的是,财务教育可以医得好风险规避者和风险偏好者。知识是最好的解毒剂,可以克服危害安全投资决策的情感反应。

理解风险

风险意识是指客户必须理解每一投资中都蕴藏着风险。即使你的钱保守地放在存款账户或货币市场账户中,它也会面临通货膨胀的风险。股票市场更是起伏不定,让人难以预料。只有根据个人目标、风险容忍度和投资期限才能判断风险是否适宜,而这三者缺一不可。如果在最初你就感到有些不妥,那么这种感觉就会持续恶化,最终会让你作出更愚蠢的财务行为。

风险意识是指客户对每一投资决策的风险及回报的领会。对风险了解得越多,投资决定就越有可能符合个人目标,也就更合时宜。

因为没有公认的衡量工具可以评估客户的风险意识,理财顾问往往依照个人的主观判断,来评估客户风险意识的相对水平。只有加强对客户的风险教育,理财顾问的判断才能更为准确。

如果一位新客户的投资组合存在一定的风险投资,这是否就意味着他的风险容忍度较高?或者,该客户只是简单地偏好冒险、鲁莽而缺少相关知识?有时,许多理财顾问看到客户的组合中有风险投资,于是就贸然地推荐其他风险较高的投资选择。大卫·科德尔博士认为,由于许多原因,客户的投资组合可能会提供误导信息,其中一些原因如下:

- 客户可能没有理解某些特定投资中蕴藏的风险。
- 资产可能来自配偶或遗产。
- 获得资产后,客户的财务状况可能已经发生了转变。

第19章 财务感觉系统:了解个人财务问题

- 资产的保留可能是出自感情或家人的原因。
- 资产的保留可能是出自税务的原因。

最好的办法就是彻底了解客户,尽力教育客户,让他们了解到每一投资决策都具有一定的风险。

为了财务的健全,客户应该在风险容忍度上采取一个合适的立场,尽量成为有备而来的风险承担者。做财务决策时,一个有备而来的风险承担者虽然不会远离风险,但也不会过度痴迷于冒险,而是逐渐学会管理风险。

要想成为有备而来的风险承担者,客户必须首先注意到潜在的情感激发因素,这些因素会让他们远离或靠近财务风险。下一步要做的就是教育客户,这样他们会对投资风险作出理性反应。通过投资于财务教育,客户会受益匪浅。

另外,在与客户的对话中,理财顾问可以使用手头上的教育资源,这具有以下优势。

- 帮助客户了解普通储蓄工具和投资工具(包括货币市场工具、债券、共同基金、股票及顾问所在公司经营的其他投资工具)的特点和动态。
- 教育客户如何将投资工具分类为等同现金型、收益型、成长型或投机型。
- 帮助客户学习如何适当匹配目标和投资:短期目标匹配等同现金型投资、中期目标匹配收益型投资、长期目标匹配成长型投资。客户有可能希望把所有钱都进行投机投资。
- 尽力教育客户如何进行资产分配。可以参阅图书《说故事销售金融产品》和《讲故事,说理财:提高金融产品销售业绩》。书里面的比喻和举例通俗易懂,在教育客户如何分配资产时非常有用。客户需要从理性上和情感上理解,我们为什么要运用多种金融工具将储蓄和投资资金分散到各个投资类型中去。

诊断4：评估财务生活的满意度

满意度是指一种满足、知足的感觉。在我们的财务生活中，情感和实际状况对满意度的影响不分上下。另外，满意度非常主观，不同的人对此有不同的解释。例如，有的人每年收入只要50 000美元就完全知足了，而有的人则会对此收入水平感到焦虑不安。

另一个例子就是对信贷的使用。有些人信用卡一直循环透支5 000美元也无所谓，而有些人则对此感到压力难当，直到付清所有的贷款才感到踏实。人和人之间对价值观和优先缓急的看法是不同的，并且同一个人的态度也会随着时间的推移而产生变化。有些人可能长年以来的财务记录都很乱，但是突然有一天就会对这种混乱的状况感到不满，他会说："再也不能这样生活下去了！"

图表19.3中的财务满意度评估调查表可以刺激客户按照理财顾问的方案进行财务组织、资产分配并不断审查其财务生活状况。调查结果肯定会令填表人感到惊讶，会对自己的财务状况产生不满情绪，而顾问提供的意见却恰恰能够缓和客户的紧张心情。这时，理财顾问就起到了客户的情绪镇静剂的作用，并确保客户的生活目标和财务目标能够相互吻合，同时生活状况和财务状况能开始转好。

客户一旦认识到财务管理的重要性，那么顾问的基础工作就算完成了。客户已经准备好进入下一个阶段，此时顾问就可以向他们讲解其他关键性的教育问题，如抗挫折能力、财务规划能力、影响个人财富的人际关系以及如何在财务管理方面进行明智的决策。如果客户能够确定自己的财务习惯形成的来源，计算人生目标的成本，对各项人生目标进行总结分析并划分优先级别，了解自己真实的风险容忍度，并开始解决自己财务生活中并不尽如人意的地方，那么他们就踏上了构建会计财富和情感财富的道路。

第19章　财务感觉系统：了解个人财务问题

图表 19.3　　　　　财务生活检查

财务生活满意度

低　　　　　　　　　　　　　　　　　　高
1　　　　2　　　　3　　　　4　　　　5

财务生活现金流管理

1. 履行财务义务的能力。　　　　　　　　　　_____
2. 当前工作或职业提供给我的薪资水平。　　　_____
3. 消费习惯。　　　　　　　　　　　　　　　_____
4. 家庭成员消费习惯。　　　　　　　　　　　_____
5. 管理债务的能力。　　　　　　　　　　　　_____
6. 管理并维持充足的应急资金的能力。　　　　_____

风险管理/投资/利益

7. 现有保险金额和保险类别。　　　　　　　　_____
8. 保护当前现金流的能力。　　　　　　　　　_____
9. 定期储蓄或投资的资金数量。　　　　　　　_____
10. 实现短期金融目标的能力。　　　　　　　 _____
11. 根据当前的财务计划(教育、退休等)，实现长期财务目标的能力。　_____
12. 我所得到的雇员权益级别。　　　　　　　 _____

管理/遗产/教育

13. 个人财务记账及管理状况。　　　　　　　 _____
14. 管理财务计划的能力。　　　　　　　　　 _____
15. 保护/转让资产的能力。　　　　　　　　　_____
16. 收入/遗产减税策略。　　　　　　　　　　_____
17. 慈善事业捐款能力。　　　　　　　　　　 _____
18. 当前的财务教育水平。　　　　　　　　　 _____

定性问题

19. 面对不良财务现状的适应能力。　　　　　 _____
20. 保持当前生活方式(现金流)的能力。　　　 _____
21. 谈论财务的能力及意愿。　　　　　　　　 _____
22. 财务状况对我的生活的重要性。　　　　　 _____
23. 财务对私人关系的影响度。　　　　　　　 _____
24. 同理财顾问的总体合作情况。　　　　　　 _____

第20章

财务免疫系统：准备迎接人生的起伏

  失业后的前两天，我开始自评从那份工作中领会到的技能以及自己不断积累的专业经验，我发现自己所具备的能力在该行业中恰恰处于短缺状态。借助在这个行业中的社会关系，我觉得可以将自己的知识投入到咨询行业中。我和家人都很幸运，因为理财顾问早就向我强调过为失业做好准备的重要性，而且我的财力足以给我四个月的时间将新的想法进一步完善并付诸实施。我看到自己的很多朋友由于没有这样的缓冲器来为他们减压，在遇到此类情况时，就陷入无边的恐惧，并不断受到此类打击的折磨。

——汉纳，38岁，执行总监

  人们似乎天生就具有不同程度的抗挫折能力，这是一种关键的情绪控制能力。以下这个故事是温斯顿·丘吉尔在遭遇政治大溃败之后，其夫人在安慰他的时候所讲的，她说："塞翁失马，焉知非福。"丘吉尔说道："这场祸的确伪装得很成功。"并不是所有的人都能够像丘吉尔这样乐观地面对不幸。良好的适应能力使人能够处变不惊，并从财务失败中东山再起。在我们的个人生活和工作生活中，难免会遇到可以预见或无法预见的人生转折。

第20章 财务免疫系统：准备迎接人生的起伏

财务诊断方法使客户知道自己应如何正确权衡并处理行动和情绪上的因素，从而扭转不利的局面。成功的转折需要战略性的操作以及坚韧的精神。从实际层面讲，财务抗挫折能力就是要为这种转折打下坚实的经济防护基础；从情感层面讲，财务抗挫折能力要求个人要有充分的自信，准备迎接并正确处理财务挑战。若要使客户的财务状况运转良好，就必须构建以下四块堡垒。

1. 构建财务保护基础。
2. 拓宽收入渠道。
3. 掌控财务命脉。
4. 增强财务技能和知识。

诊断1：构建财务保护基础

构建财务生活的根基在于为自己和关爱的人打下经济安全基础。有几种工具可以帮助我们规避风险并保护我们免受财务危机的打击。我们为财务挑战所作的准备越充分，在经济和情绪上恢复过来也就越快。

图表20.1中的清单可以帮助客户了解一下自己对于此类重要的财务保护工具的掌握情况。"已建立/待查"是指客户已经建立了相应的内容，但还需要进一步审查当前对该项目的供应是否充分。客户可以使用该清单快速地评估其当前的财务保护水平，并制定必要的行动步骤以提升其经济安全度。

图表 20.1   财务抗挫折能力一览表

工具	说明	已建立	已建立/待查	未建立
应急资金	在存款或货币市场账户中预留的资金,用于紧急事件的处理。此类资金至少应该足够支付意外的汽车修理费、紧急差旅或者主要家电的更换费。此账户的资金最好能够在收益减少甚或没有的情况下维持3~6个月的生活开支。			
汽车保险	购买此保险,可为以下事项提供保障:(1)由汽车的所有权和/或使用而引起的法律责任;(2)汽车的有形损害和损失。			
家庭财产险	该保险为自置居所相关的财务损失提供保障。一般情况下,一份保单将涵盖居所内外建筑的结构和内容、地形及个人责任。			
伞式责任保险	该保险为由个人责任造成的,超过其他保单(汽车保险或者家庭财产险)限额以上部分的财务损失提供保障。			
人寿保险	该保险往往由拥有家眷的个人购买,当被保险人于保险期内死亡时,指定的受益人即并自动获得保险金。			
健康保险	该保险负责为个人支付一般性医疗保健开销并负担由疾病和/或伤害造成的高额的医疗费。			
残疾保险	为健康保险的一种,定期向个人支付以弥补由于生病、伤害或疾病造成的部分收入损失。			

图表20.1(续)　　　　财务抗挫折能力一览表

工具	说明	已建立	已建立/待查	未建立
长期护理保险	该保险为日常生活(洗澡、穿衣或吃饭)无法自理,身体或精神上有残疾的人提供长期护理服务保障。			
永久授权书	授权书为法律文件,文件中您可以选择并托付一个人为代理人,在您暂时或者永久性地无法提供医疗同意书或者无法进行财务决策时代您办理此类事宜。			
遗嘱	订立遗嘱是您进行遗产规划的第一步。遗嘱为法律文件,在该文件中,您可以指定死后财产的继承人和继承方式。			

诊断2：拓宽收入渠道

　　什么类型的人退休早呢？《理财服务专家杂志》中一篇名为"早些退休还是延长工作寿命？假设、现实及预测"的文章指出,提前退休的人员并不是像您想象的那样。调查研究显示,超过60岁并仍然活跃在工作领域的人士,往往都受过高等教育,财务状况也较其他人更为乐观。

　　文中指出："近期的调查研究结果显示,未受过高等教育、技能低下的工人比那些受过高等教育、技能高超的同龄人更早地退休,往往在他们有资格享受社会保障之前和退休金还很低的时候就已经离开了自己的工作岗位。这些退休较早的人往往工作并不稳定,频频跳槽。由于工作类型的原因,他们可能会发现自己的技能已经过时,并对市场不再有任何利用价值。"

在市场日新月异,工作环境频频更换的今天,若要适者生存,就必须成为多面手,并要熟练掌握一系列市场前景广阔的技能。那些受过高等教育、拥有多年工作经验,并掌握了一系列经久不衰的技能的工人,往往具备更为出色的工作适应能力。那些技能单一的工人,在自己的工业领域受到挑战或经济萧条的时候,其"转败为胜"的能力往往极为低下。

人们需要跳出自己的工作领域,看看自己是否具备在其他领域的生存技能,也要仔细研究在自己的工作领域内部还有哪些需要培养的、市场前景看好的技能需要学习。例如,善于进行人员管理的员工往往发现其掌握的技能在其他工作领域中也同样适用。我们不能指望世界对我们公平,而只能投资自身,通过接受教育和接触各种可能的领域,来掌握更多的技能并拓宽行业知识视野。

由于合同到期、临时解雇、公司裁员、外包、重组和一系列其他原因造成的失业,当事人都将承受巨大的精神打击和沉重的财务损失。在工作领域,如果你能顺利度过难关,那么你就可以放心,因为你已经为应对失业做好了准备,可以快速地复职并恢复经济地位。客户一定要自问:"如果当前收入减少或者消失,我是否还有其他的生存途径?"图表20.2中的建议不但会帮助客户摆脱失业的困境,回到职业正轨,还将帮助他们把握住新的就业机会。

图表20.2   扩展自身的技能

- 利用工作场所的受教育机会,增强自身的技能,掌握更多的知识。
- 记录最新的工作成果和专业活动。
- 把握机会,学习更多的计算机技能和知识。
- 申请具有挑战性、可施展自身技能的项目。
- 根据自己和他人相处的关系、口头以及书面的交流技能对自身的能力作出实事求是的评估。邀请上司或同事进行同样的评估,并与他们讨论在此类领域内自身的优势和劣势。

图表 20.2（续）　　　　扩展自身的技能

- 在本职工作之外，你是否具备其他兴趣和能力，来给自己增加收入？如果有，就要给自己创造一项副业。在你失去当前的工作或决定离开当前工作环境的情况下，这项副业将成为你的收入来源。
- 在个人简历中比工作头衔更重要的一项内容就是可以应用于不同行业间的能力和技能的组合。你所拥有的技能在众多工作场合和领域中，是否具有大批量的需求？
- 把握整体的工作发展趋势，以及特定的专业领域内部的进步。
- 要对自身的职业管理、职业发展和工作满意度负责。
- 主动拓展自身的就业机会。

吸引巨大财富

大卫·贝奇在其名为《精明女人理财之道》一书中向读者讲述了其指导一位客户管理财务并制定职业规划的故事。最终，这位客户成功地将其收入翻番，达到6位数并极大地提升了工作满足感。贝奇将自己对客户进行的指导浓缩为"吸引巨大财富的十二条戒律"，它们是：

1. 你现在的一切所得都是你已经接受的。
2. 社会只对那些能够提供附加价值的人进行奖励。
3. 要发现使你具备独一无二价值的技能是什么。
4. 不要将时间浪费在别人份内的事情上。
5. 理清生活中的琐事。
6. 在办公室中张贴自己的目标，有目共睹。
7. 投资自身，每年都留足自身的培训资金，以提升自己的技能。
8. 学会帮助别人，成功人士往往通过帮助别人获得回报。
9. 制定决策，你的决策将决定你未来的财务发展状况。
10. 成为"活字典"（专家）。

11. 必须拥有更多的钱才能赚钱。
12. 遵循雷厉风行的工作原则。

诊断3：掌控财务命脉

在你看来，有多少人感觉到掌握着自己的财务脉搏？又有多少人感到自己受到一系列个人因素和财务状况的困扰而力不从心？这些人是否自己制定财务决策还是默许了别人制定的计划和选择？很多人都需要更好地掌控其财务状况的发展前景，并从该掌控过程中所可能具有的拒绝、恐惧和自满情绪中解脱出来。

人们对其财务生活的掌控度从本质上讲，既是客观的，又是主观的。这种掌控由三种重要的特性决定：控制源、个人责任感和自信。

控制源

控制源是一个心理学术语，描述了个人关于其生命中根源控制点的信念体系。那些相信根源控制点在自身以外的人拥有外部的控制源，这些人会感到外部力量（如运气或命运）、各种公共机构（政府）或者其他当权的个人（老板）把控着他们生命发展的方向，而不是他们自己。有意或无意中，他们会感到自己是周边环境的牺牲品，对周围发生的一切事情也都漠不关心。换言之，他们不相信自己能够左右生活的结局。

另一方面，如果一个人相信控制点在自身之内，那么我们说，这样的人就拥有了内部控制源。他们会感到自己能够影响周围发生的一系列事件以及自己生活的结局。这是因为，他们能够强烈地体会到自身的力量，他们往往不会向考验和苦难低头，而是更为积极

第20章 财务免疫系统：准备迎接人生的起伏

地让自己的生活纳入正轨。拥有内部控制源的个人，更能够感受到自己对财务状况的掌控，同时知道如何去影响并提升自己的财务状况。

个人责任感

鼓励客户在自己的生命中寻找证据，来证明他们是否具有内部控制源或外部控制源。如果他们希望自己的生命能够产生积极的变化，他们会有勇气面对真实的自我。当人们更好地认识到自身的能力和潜在力量，他们在精神上就会转变为最为强大的内部控制源。

与此同时，客户还会体会到生活各个方面的个人责任感，这是一种责无旁贷的态度。他们必须不断地提醒自己，不管在其财务生活中有什么成功或不尽如人意的地方，他们都有能力将其改变。他们不会去怪罪其他人，也不会因为自己的财务生活状况不尽如人意而抱怨自己的背景、经济发展状况或任何其他原因，他们会仔细分析自己力所能及的事情，并积极地将财务状况转好。

自信

自信是一个人对自己完成给定任务的能力的评估。我们很多人都用"谨小慎微"形容在陌生环境中，不知道如何去做以及别人会怎样反应时自己的感觉。一个人的自信程度往往决定了其将要设立的目标以及将要采取的行动。

很多人在生活的其他方面都充满信心，唯独在资金管理和理财规划上没有自信。他们会说"我向来不擅长算术"，或者"对数字我本来就不敏感"。其他的情绪化反应包括被财务术语吓倒，或者在探讨相关财务事宜的时候感到不舒服。此外，他们可能对于自己是否应求助感到犹豫不决，因为当前的财务状况使他们很难堪，而且，他们也缺乏相应的财务管理才智。

在生活的方方面面都树立信心的最好办法就是付诸行动。成功地实施了一项行动之后，人们就有信心采取下一步行动。如果客户在财务管理中缺乏信心，他们就应该从最基本的内容开始，按部就班地开展工作。不管他们需要结算支票、整理数据还是开立个人退休账户，顾问都应该鼓励他们亲自去做这件事情。一个简单的行动就能够给他们勇气和动力去处理在其财务生活中所遇到的其他障碍。

客户可以将大的目标分成小块，就好像在进行抵押贷款融资时所采取的一个个小的行动步骤一样。对于没有经验的客户，全部过程可能会显得很复杂并且让其感到不能胜任。但是，当分解成一步一步之后，整个任务会简单很多，不再让人感到畏惧。下面简单讲一下融资时的相关步骤。首先建议客户读一些参考价值较高的学习资料，如简·布莱恩特·奎因编著的《善用自己的钱》。接下来客户可以评估其筹资的相关收益，这需要他们持续地进行数字运算。在此过程中他们可以使用网站 http://www.financialengines.com 上提供的财务计算器。此类工具以前只有财务专家才能使用，现在已向所有人提供，并且简便易用。此后，致电抵押贷款公司询问当前的价位等等。

在客户的财务生活中，一个胜利将引向另一个胜利。在实现财务目标的旅途中，成功地迈出第一步将给予他们成功迈出下一步的信心和动力。

诊断4：增强财务技能和知识

我们的教育系统并没有向我们的下一代灌输足够多的理财知

第20章 财务免疫系统:准备迎接人生的起伏

识,这些年轻人就好像定时炸弹一样,随时都有可能毁灭自己和家人的经济发展前景。我们需要武装他们,使他们能够自己动手,丰衣足食。但是我们整个国家在这方面做得都十分失败,我们并没有教会他们如何去理财。

——凡妮塔·范·卡斯佩
《90年代理财趋势》一书的作者

财务常识不仅能让客户了解制定财务决策中所需要的事实以及财务信息的基本构架,而且还能抵挡不利于财务成功的资金信息的传播。由于理财知识很少能够通过学校或者家庭获得,该学习责任就落在了个人的身上,他们需要自己发现受教育的机会,并去寻找理财顾问向自己提供必要的财务服务。

作为个人,我们很少能够通过家庭或者学校学到关于个人财务方面的知识,所以,我们有必要自己去负责该领域的内容。一定要记住,要使自己的财务状况保持良好并不需要成为理财专家,只需要努力为基础财务知识打下坚实的基础。只需了解基本的资金管理和财务规划原理,客户就能够武装自身,并能制定合理的日常财务决策,还能理解并评估财务建议,区分不同的投资选择和投资机会。幸运的是,我们周围存在着大量的财务教育机会,其中包括书籍、课堂和网站。理财顾问只需要确定所推荐的内容正当可靠,鼓励客户坚持不懈地学习基础常识,就能推动客户在财务决策上迈上一个新台阶。

书籍

鼓励客户阅读推崇健全的资金管理和投资行为的书籍,而不是快速致富策略类书籍。以下为我个人的建议:

- 《我只要答案》,作者:谢乐尔·加勒特。

- 《所有人的理财图书》，作者：乔丹·戈登曼。
- 《成功致富》，作者：约翰·塞斯提纳。
- 《新退休理念》，作者：米奇·安东尼。
- 《生活的资本以及成功生活规划者的资本》，作者：史蒂夫·B·史密斯。
- 《个人虚拟投资市场》，作者：艾里克·泰森。
- 《善用自己的钱》，作者：简·布莱恩特·奎因。
- 《超越基础》，作者：玛丽·法雷尔。

网站

非商业性网站往往是不错的选择。以下网站关注财务教育而不是产品销售。

- http://www.sec.gov 美国证券交易委员会（SEC）的主要任务就是保护投资人并保持证券市场的健全。除了对证券交易进行监督以外，SEC还进行投资教育，在其网站中提供了大量学习内容。仔细阅读投资人信息版块的所有内容；特别需要留意的是通过"在线发行"链接提供的"财务数据工具集"。
- http://www.rightonthemoney.org "全美理财"是一个指导性质的公共电视系列节目。每集都向那些希望进行更为明智的财务决策的人士提供浅显易懂的建议。节目话题涵盖个人理财的方方面面，如"了解健康保险"、"如何要求涨工资"、"领养儿童"和"追求梦想"。单击每集标题，就可以浏览整个节目的全部内容、幕后的专家访谈记录以及提供更多信息的链接。此外，全美理财节目还会回答通过其网站提交的与个人理财相关的问题。
- http://www.ihatefinancialplanning.com 这个生动、幽默的网

第20章 财务免疫系统：准备迎接人生的起伏

站面向所有爱财但讨厌进行财务规划的人士。对于那些玩不转财务术语，或者认为学习个人理财很无聊的人而言，这个网站可以作为迈向更为健全的财务生活的第一站。客户可以毫不费力地从纷繁复杂的财务选择中理清思路、分析自身处境并使用最为简单可行的方法使其财务生活走上正轨。

现实生活中存在着大量关于如何投资的信息。同样，无数投资产品也让客户感到眼花缭乱，无从选择。此外，还有很多"专家"宣称只有自己知道唯一正确的投资之路。起先，财务自由的旅途似乎显得有些令人畏缩。客户需要走出的第一步，就是制定出一条路线，作为制定财务决策、评价投资意见的可靠性并评估投资选择的基础。要记住，客户不需要成为理财专家，但是他们的确需要一定的基础知识来制定明智的财务决策，并提高其工作效率和自信心，以便更好地同理财顾问和其他金融服务供应商合作。

客户对理财规划了解得越多，他们就越能感到自己拥有更多的权力。我们对客户进行教育的最高目标，就是让客户感到自己有能力去掌舵自己的财务生活，同时，这种能力的养成，也是对教育过程的最高评价。

第21章

财务呼吸系统：最大限度利用现有的资金

《福布斯》杂志曾刊登过一篇标题名为"您真的需要吗？"的文章，作者乔安妮·戈登在文中对金融服务广告变得像母亲的唠叨一样，感到十分震惊。她引用了花旗银行的印刷广告，广告内容是这样的：一对夫妇正在往一辆已经塞满东西的出租车后备箱里继续塞购物袋。广告语是："你能做的，不见得是你应该做的。"另外一则广告如下："挥霍如果每天都发生的话，那么它也就不再成为挥霍。"据戈登说，拥有770亿美元的花旗银行投入1亿美元，以"富裕生活"为主题，发起了一场全国性的广告战；但人们记忆犹新的是，花旗最为知名的广告语是曾经的"花旗永远不打烊"。戈登写道："花旗将自身定位为苦力，现在她又变得婆婆妈妈的了。"

其他公司，如富达公司，也采用同样的主题展开广告战，鼓励大众"对自己的投资负责任"。此类广告主题响应了该行业通过调查所得出的以下结论：婴儿潮时期的一代人往往颠倒主次，而且明显缺乏自制能力，对资金的使用也不谨慎。财务规划能力指的是最大化现有资源的愿望和能力，最大限度利用现有资金的过程，还包括寻找高效、创造性的方法来实现目标。拥有财务规划能力的人知道

第21章 财务呼吸系统：最大限度利用现有的资金

钱并不是最终目标，而是达到目标并提高生活满意度的手段。为获得财务规划能力，我们必须完成以下四个基本步骤：

1. 组织管理财务记录和财务活动。
2. 根据人生目标和价值观制定财务目标。
3. 制定资金管理战略，其中包括债务缩减和消费计划。
4. 主动实现财务目标并赢得财务独立。

请注意，第1条和第3条是以基于左脑的任务为中心，其主要内容是组织安排消费和债务，并开发相关战略。第2条和第4条关注的是以右脑为中心的任务，其主要内容是将生活目标及价值观和主动地实现财富目标的态度结合在一起。只有采取这种综合教育方法，才能帮助客户按照其计划开展审慎的资金管理。如果客户将其履行计划过程中可能出现的行动上及情绪上的障碍条理分明地罗列出来，那么这一计划就很有可能得到完全的贯彻。

诊断1：组织整理财务报告和财务活动

定位陈述：

一旦我了解到某人的目标和野心，我便需要知道他所有的财务记录。原因很简单：知道终点（客户的目标）后，我们就要确定起点。将所有的财务记录总结在一起，这就是我们建立起点的方法。很多情况下，我都会碰到对自己的财务状况并不了解或者并不愿意显示其所有财务记录的人。我会对这两种类型的人说，如果我不清楚我们现在所处的位置，就无法确定我们的起止点。

客户一定要了解建立起点的重要性，起点其实就是为他们的财务生活所设的一个参考点。理财顾问通过审查客户的财务记录，往往能深入了解客户对资料的组织才能。有些客户早已丢失了这些资料，有些则搞得支离破碎，一些是现在的资料，一些则是过去的，不管怎样，这些资料显示了理财顾问需要知道的一切。理财顾问可以指导客户如何妥善保管记录，并将其分类，这样可以让这些记录具有良好的组织性。

要让客户明白，用简单而有效的方式收集和组织财务记录，既可以让他们的顾问对其财务状况有一个准确的认识，又可以为顾问制定行动计划提供依据。起初，账目组织整理会是一个乏味和浪费时间的工作，但是值得如此付出。让客户收集和组织财务记录，可以使他们清楚地了解自己的现状、目标及实现目标所需花费的时间。长远来看，账目组织整理是最节省时间的工作。这样做最大的好处就是让客户能够掌控自己的财务生活。以下是一些建议，可以帮助客户建立简单的财务管理体系：

- 收集所有的财务记录。
- 把记录分为六个种类并放在贴有相应标签的文件夹里，主要有负债、资产、保单、税务文件、遗产规划或文件以及投资六个种类。
- 在每个文件夹里，把所有文件按年排序，把最近的记录和文件放在最前面。

如果顾问想激励客户如此组织自己的财务记录，那么最好给客户提供一个已做好标签的空白文件夹，请求客户在下次见面时带上已装好相关文件的文件夹。客户的相关文件可以为顾问提供所需的一些信息，这样顾问就能知道该朝哪个方向努力。

诊断 2：根据人生目标和价值观制定财务目标

定位陈述：

我们只有清楚地了解进行投资、储蓄、保险和减少债务背后的原因，我们才能有的放矢地进行上述活动。含糊不清是不行的。你为什么想要投资？"拥有更多的钱"，大部分人这样回答。你为什么想要更多钱？你用这些钱来做什么？这些问题可以帮助我们进一步了解自己的目标，并激励我们一定要坚持财富积累。因此，我可能需要问一些出乎你意料之外的问题，但是我这么做是有原因的，因为这么做可以帮助我们搞清楚行动背后的真正动机所在。

通过运用第 5 章（关于客户人生的问题）中的问题和第 6 章中的人生转变调查，我们就能够帮助客户弄清楚在其人生的每一个领域和每一个阶段真正重要的事情。"人生优先次序"是个高度个性化的事情，客户在决定其人生优先次序时，我们应当鼓励他们不要受来自于社会、父母、朋友或者其他任何人的信息的影响。不同人的人生优先次序应由他们各自内心的真正需求所引导。问一问你的客户："你最珍视的东西是什么？在你生活的每一个方面，你想获得的成就都有哪些？"客户对每一个问题的答案都会成为确定其人生目标的基础。

在财务诊断研讨会上，为了确定各个参与者在人生 8 个方面的目标，我们制作了图表 21.1。

没有来自他人的帮助或推动，大多数人都不会自己主动发起一个目标设定流程。一般情况下，除非我们能够将目标清楚地写下来或说出来，目标对我们才有确切无疑的含义。目标一旦明白无误地写下来，并成为推动我们努力奋斗的支柱，我们就有动力朝着目标

图表21.1　　　　　　　　　人生目标

工作目标	居住目标	健康目标	家庭目标
社会目标	休闲目标	学习目标	个人成长目标

前进。

　　如果顾问能够在客户建立个人目标的过程中起到作用,那么客户就更有动力履行顾问帮他们制定的财务计划。客户只有在确定了他们真正想要什么以及背后的原因后,他们才能够不受外界因素的左右,坚持自己的目标不动摇。在目标制定过程中,我们需要一种坚韧的力量,以及一种不可动摇的信念。当充分地意识到为什么要做这件事的时候,人们就会义无反顾地去做他们认为应该去做的事情。当然,每个客户在目标制定中的主动性和出发点都不一样。

　　教育客户进行自我发现,也为帮助客户提供了很好的机会,可以帮助他们理解如何把钱更合理地投入到生活中的各个部分。一旦客户确认了他们的人生目标,就应引导他们思考:我的资金可以或者将会在帮助我实现每个人生目标的时候起到什么样的作用?拥有充足的财务资源如何使我在实现人生目标中拥有更多的选择?经济安全会使我有更多的时间关注于生命中最重要的事情吗?

　　客户的目标和资金之间有着简单而直接的联系。当客户看到理财规划活动和他们的人生目标之间存在直接联系时,他们会获得更大的财务满足感。当客户把财务资源看成是一种实现自我价值的工具时,他们就会感到更有动力去实现其财务目标。

第 21 章 财务呼吸系统：最大限度利用现有的资金

最佳零售银行筛选方法

诊断 3：制定资金管理战略

每隔六个月，我妻子和我似乎总会经历同样的生活轨迹：坐下来，累计债务，然后想想，我们怎么又陷入这样的困境！每一次，我们都会制定计划支付这些债务，然后发誓再也不让这类事情发生了，但是，这种情况总会发生，一遍又一遍，好似恶梦。

——瑟姆，客户，44 岁

帮助客户实现财务目标的第一步就是制定资金管理战略。通常，日常生活中很小的财务决定，会极大地影响我们的财务状况和未来的经济安全。例如，我们所听说的关于著名明星和运动员的事迹，他们挣了很多钱，最后却因为财务上的一塌糊涂而导致破产。我们也听说过一个理发师凭借自己的诚实劳动而积累起财富。关键就是：实现财务目标取决于我们根据自己的收入水平而作出的选择。

无论一个客户年薪是两万美元还是两千万美元，在保持良好的财务状况方面最重要的就是花费不能超过收入。如果一个客户的现金流为负或收入只够花销，那他就很难实现自己的财务目标。许多人直到他们得到晋升或中了彩票后才能实现目标。顾问应当鼓励客户面对现实，制定出切实可行的计划，努力实现自己的财务目标。

人们首先必须分析他们的消费习惯，并决定该从哪里减少支出。然后，制定出一个消费计划，这一点很重要。注意是计划而不是预算，因为"预算"这个词使人们感觉像是要进行"金钱节食"，他们马上就会将注意力集中在他们不能拥有什么上，而不是他们该做什么上。相反，"消费计划"则使人们觉得自己拥有一张能展示目的地的地图，他们就会选择这条能到达目的地的路径。当客户把焦点放在达成目标的好处上,他们就会积极地选择一条最快捷的路径。

下一个重要的步骤是查看其信用卡债务:他们一共欠了多少债?他们每月需支付多少利息?他们必须尽其所能地减少信用卡账单,降低利率,并增大偿还力度。当他们还清了所有信用卡债务,他们才能为自己的未来投资。另外,提醒客户:从方便和应急角度来考虑,信用卡是必要的,但是不能超出每月的偿还能力去消费。

在《行为金融:过去之战和未来投资》一文中,米尔·斯戴特曼写道:"规则是很好的自控工具。'不沾一滴'对于那些戒酒的人们是一条黄金戒律;'靠红利消费但丝毫不动本金'对那些想控制消费的投资者来说则非常有用……事实上,酒鬼们喝了第一口就会喝下第二口,没有良好自控的投资者与此类似。"

制定一些消费、储蓄和借贷的基本规则,对于每一个人来说都非常重要。这些基本规则因人而异,但它们是成功资金管理的基石。理财顾问如何帮助客户制定适合客户自身状况的基本规则?询问现有客户或潜在客户,"你打算依据什么样的规则去管理钱?"如果客户面无表情,这表示该客户只有一条规则,那就是反复无常。但是,如果顾问感觉到,客户能够从制定储蓄、消费和债务管理规则中受益,那么顾问可以让客户自己阐明,在储蓄、消费和债务管理方面获得成功的基本规则是什么。

让客户自己阐述基本规则,比为他们重新制定规则要好得多。教育者这个词的希腊语词根的含义是从井里打水。水好比学生自己拥有的想法,明智的老师只是帮助引出这些想法(从井里打水)。虽然一些人认为,教育就是简单地打开一个空的容器,然后往里面倒水,但持久的教育却是来自每个人自身。所以,应该教育客户如何管理债务,并训练他们的消费模式。

许多理财顾问曾告诉过我,他们的客户说:"我知道你会认为我的钱管理得乱七八糟"以及其他一些诸如此类的话。客户这样说,表明他们预感到理财顾问对自己的金钱管理方式不赞同。许多人

第21章 财务呼吸系统：最大限度利用现有的资金

曾告诉过我,他们不想请教理财顾问的一个原因就是,理财顾问对他们的消费习惯看不上眼。解决这一问题的最简单方法就是停止空洞无味的教诲,帮助客户界定相关规则框架。帮助客户界定其想要的财务战略规则并不难,下面的问题就是很好的例子。

- 你曾有过哪些负债经历,你现在打算遵守哪些规则来管理债务？
- 你过去的消费模式是什么？其中的规则又是什么？
- 你曾有过哪些储蓄和投资经历？其中的规则又是什么？

如果客户不想给自己施加规则约束,改掉和限制那些妨碍他们进行财富积累的行为,那么顾问的所有努力就像是往一个破杯子中倒水。你告诉他们的规则,其他人早已告诉过他们,比如,"在没有同我们的顾问或会计师商量之前,不要借 X 数额以上的钱","至少应将意外收入的75％储蓄起来","有了购买冲动后,至少要再等两周去购买"。这些规则激起了客户的心理防备,他们有戒心,害怕顾问是不是别有动机。但是,实际上,通往财富的道路很简单：花销不能超过收入,避免债务,以及合理投资。财富之路不需要制定太复杂的规则。

以下资源非常有用：

- 《如何脱离债务、避免债务、生活顺利》,杰罗尔德·蒙迪斯。
- 《小资本存钱：如何削减花销、减少债务并存更多的钱》,芭芭拉·M·奥尼尔。
- Quicken软件或其他理财软件,这些软件可以简化和加速完成理财任务,如追踪消费、制定消费计划、监控债务和协调支票活期账户。

诊断4：主动实现财务目标并赢得财务独立

个人理财的头号敌人是拖拉。

——戴夫·切里顿,《富有的理发师》

人们在制定终身理财计划方面,可以等待多久?没有计划,在人生重大转变时刻将导致理财的盲目性;没有计划,退休生活的梦想和目标就会在"将会,可能,应该"中越走越远。理财顾问需要使用有说服力的例证来告诉客户现在开始行动的重要性,顾问应让客户明白拖延的昂贵代价。如果在25岁的时候决定开始执行一个每年储蓄2 000美元,收益平均为10%的个人退休账户计划,在65岁的时候,就能拥有超过100万美元。但是如果从40岁才开始实施这个计划,将需要每年储蓄超过9 500美元,才能在65岁时得到同样数目的回报。人们每推迟一年储蓄,他们就给自己以后的生活增加了更多的经济压力。他们的身心能承受得起以后生活中的额外压力吗?

拥有财务规划能力的人具有前瞻性,他们能为自己生活中的一切承担起责任,他们制定计划以便能更好地利用自己的时间、才智、精力、技能、知识和资源,这样他们就能跨越障碍,达到目标。有前瞻性涉及到以下几方面:

- 为生活中需要经济支持的各个方面制定计划。
- 定期跟踪并监控计划的进展情况。
- 根据实际情况不断调整收支行为。
- 对自己不理解的地方寻求必要的帮助。

财务规划既是一种态度,也是一项技能。不管收入水平如何,拥有财务规划能力的人都会寻找方法存钱。例如,有人能挣6位数

第21章 财务呼吸系统：最大限度利用现有的资金

的钱，却毫无存款。与此相反，有人挣的还不到3万美元，却存下了一大笔养老金。财务规划最关键的基石就是积极实现目标，赢得财务独立。找借口的人一生都在找借口，而且总有机会去找借口。图表21.2举例说明了有些人在一生中经常使用的借口。

图表21.2　　现在，我不能存钱

20多岁	现在，我不能存钱。我刚刚独立，还需要还大学教育贷款和汽车贷款。我不准备许下什么诺言，我想在我能玩的时候尽量多玩玩。以后有时间我会考虑存钱，那时再存也来得及。
30多岁	现在，我不能存钱。我成了家，有责任在身。养孩子需要不少钱，而且，我还得还房屋按揭贷款。收支相抵后，我已所剩无几。当我挣得更多，孩子长大后，那时我再存钱。
40多岁	现在，我不能存钱。孩子正在上大学，需要多少费用望不到头。然后，还得为孩子举行结婚典礼。我想帮助他们慢慢成家。这正是花钱的时候，存钱根本不可能，但是不久情况就会好转一些，那时我再存钱。
50多岁	现在，我不能存钱。事情根本不像我想的那样。我已经被套住，没有机会再升迁。连休息一下都很难，何谈开展新的事业。我得帮助亲人，他们需要协助。我勉强能收支相抵。事情会好转的，那时我再存钱。
60多岁	现在，我不能存钱。我原以为事情会好转。我本打算提早退休，但现在我不能这么做。我正在尽力还清按揭贷款的最后部分，还得顾及其他账单，但是情况越来越糟糕。孙子孙女们和其他花销用尽了我所有的钱。我想就是这样了。我希望我能够存些钱。
70多岁	现在，我不能存钱。我年龄大了，不能再存钱了。我的社会保险和养老金根本不够。医疗和长期护理费用真的让我很担心。我讨厌让孩子们承担这些费用。在我应该存钱的时候存些钱该多好啊。

根据美国注册理财规划师资格标准委员会所作的一项消费者

调查,在有关理财规划及管理个人财务事宜的态度方面,上层收入者可划分成三个阵营:担忧者、独立者及需要帮助者。图表21.3描述了每一阵营的具体特征。

图表21.3	上层收入者的三种类型
担忧者(占上层收入者的42%)	• 被财务决策折磨。 • 对自己能否控制未来财务状况不自信。 • 不愿意规划,很少考虑财务事宜。 • 或许有财务计划,但是承认自己很少遵守。 • 是他们自己的主要理财顾问,尽管并不合格。
独立者(占上层收入者的33%)	• 对自己的财务决策感到满意。 • 与其他消费者相比,更有见识,更成功。 • 与一般消费者相比,每月投入更多的时间来关注财务事宜。 • 使用因特网理财。 • 更愿意在没有专业人士的帮助下做财务决定。
需要帮助者(占上层收入者的25%)	• 急切盼望获得专业人士的理财建议。 • 有信心能够控制自己的财务生活。 • 感觉自己的投资已达到或超过期望。 • 已经从理财规划中获益。

财务独立不会自己找上门来,如果不主动努力,剩下的只会是担忧和需要他人的帮助。理财顾问所做的、任何能够帮助客户更主动地实现财务目标的行为,都能够让客户更有动力。顾问应帮助客户界定目标,帮助他们定义债务、消费和储蓄的界限和规则,帮助他们提前思考,从而做好准备。这就是主动出击的全部内涵。如果能提前思考,做好准备,客户将得到动力和鼓励,随后他们就会获得内心的宁静。主动性必须成为一种习惯和生活方式。

第21章 财务呼吸系统：最大限度利用现有的资金

最佳零售银行缔造方法

简而言之，财务规划能力就是充分利用现有的资金。财务规划的对立面就是挥霍无边，即无法增加我们现有的价值。理财顾问应尽全力教育客户关于财务规划方面的小窍门。我们必须有远见，妥善地安排我们的金钱、时间以及挣到钱和休闲的机会。

拥有财务规划能力的成功人士在最后总能获得更多的乐趣，就像自己制作肥皂盒的小孩子比那些让自己有钱的爸爸购买最好的肥皂盒的小孩更快乐一样。自己去一点点制作小器具的孩子能够了解每一部件的价值和功能，他为自己的作品感到骄傲。他能够让这个器具运转，还能用它去完成某种功能，这都让他感到自豪。这正是我们让客户尽可能参与整个财务目标制定过程的原因。当客户看到整个过程很有效时，就会更有动力。财务状况良好的回报是，我们可以呼吸得更舒畅，减少财务紧张状态，更愉悦地享受人生。

第22章

财务心脏系统：影响个人财富的人际关系

> 钱造成我的生活危机四伏。每次和妻子谈论钱时，我们最终总会争论不休。我担心，自己是否过于关注孩子而忽略了父母。还有，我对自己的理财顾问也不满意，我怀疑他是否真正关心我的利益。因为这些有关钱的烦心事，使我整日心神不宁，如果少一些钱能够更快乐的话，我真希望钱能少一些。
>
> ——艾萨克·K，客户，51岁

富有还是贫困直接影响着许多人际关系，谈论"财"商和财务满意度话题，必然会涉及到这些人际关系。夫妻谈论钱时无不涉及情感债务，最终造成很多婚姻瓦解。许多人好似三明治里边的夹心，在责任上夹在父母和孩子之间，左右为难。许多人想资助慈善事业，却不确定该资助谁，以及如何资助。又有许多人感觉到自己需要和理财专家合作，却总害怕被利用，害怕自己缺乏相关财务教育，没办法指出理财专家的过失。

人际关系，即与他人的联系，直接影响着我们的财富积累和财富分散，因此，在这一部分财务诊断教育环节中，我们将集中讨论人际关系。

第22章 财务心脏系统：影响个人财富的人际关系

人际关系是"财"商和财务满意度的主要基石之一，它包括4大部分：

1. 提高与钱有关的沟通技巧和人际关系互动能力。
2. 评估对各代人的财务责任。
3. 构建与财务专业人士之间的良好工作关系。
4. 参加捐赠和慈善事业。

各式各样的人际关系影响钱的进进出出。在本章中，我们将介绍实现金钱和谐和财务满意度的必要步骤。在这一部分的财务诊断项目中，我们会告诉客户，我们的目的是帮助他们掌握消除（与配偶、家庭成员和理财顾问之间的）财务紧张的基本准则。另外，我们还教育客户如何系统化地作出捐赠和支持慈善事业的决定。

诊断1：提高与钱有关的沟通技巧和人际关系互动能力

> 不理性就是一遍又一遍地做同样的事情，却企盼得到不同的结果。
>
> ——丽塔·马埃·布朗

《关于钱，你学到的一切都是错的》的作者卡伦·拉姆齐认为，许多人深深相信，自己是一个受钱困扰的人。当她询问自己的听众，有多少人认为他人对处理钱很在行时，不出意外，整个房间里，每个听众都举起了手。人们总认为，其他人总比自己更了解钱，这让他们很少与他人谈论钱，害怕自己露短儿，让人嘲笑自己的无知。

这种想法造成许多人固执地跳进不理性财务行为的怪圈。他们不断地做同样的事情，却企盼得到不同的结果。解救这些客户的第一步就是教育他们如何与金融专业人士，以及他们生活中的其他重要人物进行沟通。

拉姆齐写道:"如果钱让你感到困惑、害怕、受挫,你首先应该认识到你得跟什么人讨论讨论。这个人应该是谁呢?如果你担心自己的财务方向不对,这时候,你应该咨询金融专业人士。告诉他,你的确不知道该如何投资,并让他对一些基本问题作出回答。直接告诉他你需要帮助。根据我的经验,你只要开门见山地说出自己的困难,会有很多人愿意帮助你。你找的这个理财顾问还需要和你合拍,如果他让你感觉你早应该对一切了如指掌,那么,这个人就不是你要找的那个人。"

没有能力表述自己对财务的无知和需要,要想在此基础上发展财务和谐的人际关系,无异于缘木求鱼。不足为奇,许多夫妇在金钱目标和管理上无法达成共识。双方的财务紧张局势最终导致了离婚,而离婚抹杀了他们各自对未来财务生活的展望。

对个性而言,似乎是异性相吸。在财务行为上,尤其如此。几乎很难发现,夫妇俩在对钱的态度上意见一致,因此,一方总是认为另一方不但想法不对,而且做法更是错误百出。如果一方提出某种设想,不是尽力满足双方的需要,而是试图改变另一方对钱的看法,婚姻问题自然会层出不穷。

大多数夫妇都迫切需要对某个金钱管理计划和模式达成一致,而这一计划和模式可以调整各自的无意识行为。如果模式不实用,计划就会不断受到挑衅,最终造成冲突不断。当夫妇开始接受并且了解到自己无法改变另一方的财务行为时,他们就会开始制定一定的计划,调整双方的行为,并且希望双方都作出让步。学习认可和接受另一方能够解决许多潜在的财务冲突。当夫妻双方决心解决冲突时,他们就会敞开心扉谈论钱,而不再感到无法获得财务满意度。

卡伦·拉姆齐对四种金钱个性做了以下总结,并获得了许多理财顾问的认同。

第22章 财务心脏系统：影响个人财富的人际关系

1. 守财奴。无论境况如何，守财奴都要存钱，而且，存多少钱也无法满足他们想存更多钱的渴望。即使他们与自己的另一半就存多少钱已经达成共识，他们仍然会坚持不懈地提高存钱数量标准，制造更多的压力。

2. 败家子。败家子是守财奴最大的噩梦。败家子需要消费来表明自己的情感没有受到限制，消费与他们的情绪有关。无论是花5美元、10美元，还是定期的大宗购物，消费只是一种能够让他们自我感觉良好的行为。在败家子看来，自己的行为无可非议。

3. 杞人忧天型。这类人时时刻刻处于担忧之中，害怕灾难的发生。即使他们的需求得到满足，他们也会担心不会长久。他们整天紧张兮兮，担心自己和配偶的工作不保。金钱让他们辗转反侧，无法入睡。

4. 逃避型。有些人就是不想谈论或解决有关钱的事情。他们做事拖拖拉拉，支付账单不及时，申请延长纳税申报期限，而且与贷款人更是麻烦不断，即使他们有足够的资金还贷。钱的事情让他们感觉不舒服，因此，他们总想拖延，避免解决这类事情。

在《聪明夫妇发大财》一书中，理财顾问大卫·贝奇向结婚人士提供了一些练习。通过这些练习，夫妻两人可以对财务目标达成一致，并且制定实现这些目标的步骤。理财顾问也可以发挥自己的才能，为那些纠正自己财务习惯的客户提供相似的步骤，从而加快客户财务目标的实现。如果夫妻双方制定的财务目标实现系统能够在合理的范围内调整双方的财务习惯和渴望，冲突就会减少。通过一定的妥协，双方都感觉到两人正在向目标前进，而没有过分压制父母的财务需要。

诊断2：评估对各代人的财务责任

"三明治一代"被用来描述婴儿潮一代面临的一大笔费用：在财务上，他们有责任为自己的子女提供机会，有责任照顾父母或为父母的晚年生活创造舒适的条件。接下来，我们将讨论理财顾问如何帮助客户圆满履行以下三个责任：孩子的教育和进步，让父母安享晚年生活，以及对亲人的照顾。

送孩子上哈佛

近些年来，美国的一些消费者激烈反对未来高等教育的成本规划（或许有人认为这有点夸大其词）。有两点假设受到消费者的攻击。首先，送孩子上完大学需要25万美元，而这超出了大多数家庭的储蓄额。其次，消费者需要自己支付孩子的教育账单。或许家长们在攻击第一点假设上犯了一个错误（大学学费正在持续看涨），但是可以采取许多创造性的方法来分摊孩子的教育费用。

我和妻子已经与孩子们制定了同等资金大学教育存款计划。我们发现，许多父母正在同孩子一起制定计划，创造了各种巧妙的安排。我们的计划是：孩子为大学教育挣了多少钱，并存了多少钱（包括奖学金），我们就出同等的钱数。孩子的责任是挣钱，并且存够完成大学教育所需要的实际费用的一半。我可以很高兴地说，我们长子存的钱已经足够交前两年的大学费用了。

无论是使用529（有利税率大学储蓄计划），还是同等资金赠与储蓄账户，理财顾问都应该帮助客户设计一种教育费用支付方法，这种方法不仅要符合客户的价值观，而且还要考虑客户的财力。我和妻子选择的方法考验了孩子的工作美德和内在激励，这样，我们

第22章 财务心脏系统：影响个人财富的人际关系

就不会花很多的钱却供出个懒鬼。在给出建议前，理财顾问应该多询问客户，问问他们对问题的看法。不要过于关注远远超出客户挣钱潜力的教育成本规划，那只会在客户的心中种下无望的种子。

报答爸爸妈妈

许多婴儿潮一代的父母在人生主要工作时期中积攒了足够的财富，因此婴儿潮一代才有大量的机会接受教育并发展自己，而且其中一些已经功成名就。如今，他们正在寻找机会回报父母，报答他们为自己作出的牺牲。理财顾问布鲁斯·布隆斯马观察到，每个月只要300~400美元就可以让退休老人的生活质量得到质的改善。许多婴儿潮一代的人，当他们发现自己的物质生活已经足够丰厚，就开始重新审视自我价值，比如说考虑用这种方法来资助他们年迈的父母。

《新退休理念》的作者曾提出过"父母养老账户"这一概念。一位客户按照这一理念，和他的兄弟姐妹们建立了一个养老金账户，每月不断地往这个账户里存几百美元来资助父母。诸如此类的方法可以让那些依靠固定退休收入的老人更轻松地生活。

人生的晚年被宣传为黄金年代，由于不佳的健康状况和消费能力的不断丧失，黄金年代可能会日益褪色。出于感恩，希望资助父母，并且有财力这么做的孩子欢迎理财顾问提出建议，帮助自己使用财富改善父母的生活质量。有些人没有足够的钱，但可以和自己的兄弟姐妹一同出钱建立父母养老账户，共同资助父母。他们有的还一同出钱还清了父母的抵押贷款，这样父母的晚年生活就会有更自由的空间。通过这些方法，顾问可以创造性地将自己的服务与客户的家庭生活联系在一起。

亲人医疗护理费用

根据美国《大都会人生难题研究：平衡在职护理与相关费用之间的关系》，医疗护理正在侵略上百万美国人的财务生活（该研究以国家护理协会和布兰迪斯大学的国家妇女与老年人中心的相关发现为基础）。近25%的家庭中至少有一个成人持续12个月在某种程度上护理老人。在未来的10年中，美国需要向亲人提供医疗护理的在职人员的总数预计将增至1 100万～1 560万人。这一标志性研究首次调查了这些在职人员需要面对的长期护理成本。为了护理年老的亲人，他们不得不中断自己的工作。

研究还发现，64%的"家庭护理人员"除了护理责任外，还是在职员工，他们必须平衡自己的工作和护理责任。研究显示，这些需要护理亲人的在职人员不仅需要花钱护理亲人，而且在工作上也损失巨大，如事业发展、公司福利和退休福利等都有所损失。晋升机会和工资都会打折，因为他们不得不牺牲工作时间，履行照顾亲人的责任。

需要护理亲人的在职人员经常发现，由于护理亲人，他们的事业停滞不前，工资下降。40%的受访者表示，护理亲人已经影响了他们的工作发展：

- 29%的受访者曾拒绝了晋升、培训和新工作的指派。
- 25%的受访者曾拒绝了工作提升的机会。
- 22%的受访者曾不能获得新技能。
- 13%的受访者曾不能跟上必要工作技能的转变。

在工作和亲人护理的对峙中，收入也严重受到影响。在研究中，67%的调查回应者表示，护理亲人阻碍了他们的挣钱能力。那些能够提供信息量化经济影响的人认为，护理亲人对工资财富的影响巨大。工资财富指退休时所计算的一生工资的现值。每个调查回复者的工资财富平均损失为566 443美元。

除了当前收入外，家庭护理人员的退休储蓄也会受到极大的影响。社会保险每年平均减少2 160美元，平均一共减少25 494美元。对有资格领取退休金的人来说，退休金平均每年减少5 339美元，全部退休金一共减少67 202美元。加上失去的工资、社会保险福利以及养老金支付，一个人一生护理家人的平均成本上升到659 139美元。

调查显示，退休后，有些人还需要继续护理家人。这并不是胡说八道，想想52岁的孩子正开始护理自己78岁的老父老母，而他们的父母可能会活到90岁或更久。当需要护理家人时，人们需要拆东墙补西墙，而过去的投资和储蓄是首选。

理财顾问需要充当向导和教育者的角色，帮助客户预想以上这些情况，以防他们措手不及，并在理财上帮助他们度过难关。护理家人已成为许多将要退休的人员面临的人生大事，因此，他们需要彻底改变自己获取收入或投资的方式，以弥补老龄化革命需要的花费。

诊断3：构建与财务专业人士之间的良好合作关系

目前，大众媒体认为，大众能够并且应该依靠自己的能力制定财务和退休规划，对此，我持相反意见，利用财务诊断方法对客户进行财务教育是我逆流而上的最好证明。事实很明显，大部分人没有能力完成这么重要的任务，或是工作太忙，抽不出时间留心这类事，即使他们拥有足够的相关知识。

安德鲁·托拜厄斯在《你唯一需要的投资书籍》中提出一个问题："你需要理财顾问吗？"随后他鼓励人们尽可能地学习财务知识，

但是也发出提醒,有时需要听取专业人士的个人意见,比如以下几种情况。

- 制定税务战略、退休规划。事实证明,如果在这两方面出了错或疏忽大意,最终会让客户付出昂贵的代价。
- 制定遗产规划,拟定遗嘱或检查现有的遗嘱。
- 评估目前的财务状况或资产分配方案。
- 帮助理清混乱的财务生活。
- 选择长期医疗护理保险。
- 帮助客户顺利度过人生转变,这些人生转变包括离婚、退休或丧偶。
- 制定计划,将孩子的大学教育费用最小化。

托拜厄斯接着说:"好的理财顾问能够帮助客户学习,让客户更有能力处理财务事宜。"这句话告诉我们,甚至DIY财务知识的倡导者也认识到DIY方法的局限和不足,DIY只需要大众具有一般的财务教育水平,了解一般的财务准则。这些倡导者向大众推荐金融专业人士,虽然仍然提出警告,并告诉大家应该寻找哪种理财顾问。教育客户的理财顾问会发现,客户似乎更愿意求助他们的服务,这是因为接受教育时,客户在情感上得到了理财顾问的支持。

凭直觉,大众承认没有足够的能力独自面对理财任务,但是他们想知道自己是否有能力辨别哪个理财顾问说得对。人们需要帮助,但是在寻求帮助时,无法确定使用什么标准来评估理财顾问。在《新退休理念》中有一章的标题为"寻找正确的财富积累伙伴",在这章中,举例向客户阐明了为什么需要理财顾问。

我妻子又给我生了个儿子后,我决定再砌一个房间,而且我想自己做一部分工作,可以省些钱。我曾做过一些电工活儿,于是就决定自己干,当然,还需要请教施工人员。施工人员同意在正式监理到来之前检查我的工作。当我做完配线后,他过来检查。当看到

第22章 财务心脏系统：影响个人财富的人际关系

我最后一根连线时，他指出我错在哪里，并告诉我，这么连线很容易引起火灾。从那时起，我认识到有些领域极其重要，不是有限的经验就可以摆弄明白的。我相信，退休规划或解脱计划就属于这些领域。

在寻求其他金融服务提供商时，比如律师、保险代理人、会计师和银行家，客户可以使用下列问题进行考察。同时，顾问也可以利用这些问题进行自查，看看自己是否提供了同样水准的服务。

- 客户对这个人的第一印象是什么？他是风度翩翩、谦恭有礼，或过于殷勤、思维混乱，还是目中无人？这个问题是一个很好的指示器，可以显示出当客户出现问题或感到焦虑不安时，可以得到哪种服务和关注。

- 这名金融专业人士询问客户哪种问题？他们更多地询问客户的钱，还是客户的人生、价值观和人生目标？业内最优秀的金融专业人士都知道，如果他们不能清晰了解客户的过去、现在和将来，就不能为客户提供正确的服务。只询问客户资产的人只对客户的资产感兴趣，而不是客户本人。

- 这名金融专业人士是否展示了良好的倾听技能？他是否细心地总结了客户的担忧、目标和风险容忍度？如果感觉他不是好的听众，那么赶快甩掉他吧，再找下一位。如果他看起来很关注客户，别急，随后就可见分晓。如果他只是为了提前收费而装装样子，会谈议程上似乎根本没有涉及客户关注的那几点，那么再找下一位。如果整个会谈期间，他一直在夸夸其谈，那么客户的选择就是立即走人。

- 这名金融专业人士用客户理解的语言解释问题，还是对客户说些莫名其妙的术语？如果他总是说些让客户摸不着头脑的话，那么他可能想让客户永远迷迷糊糊，要不就是他不够聪明，表达能力差。任何让客户弄不明白的人都不值得托付业务。能力的一个可靠标记就是表达能力强，能够化复杂为简单。好的理财顾问还是一名好老师，能够帮助客户改善自己的财务状况。

- 这名金融专业人士是否会向外界泄露私人资产？查一查他是否暗中购买商业机密。如果一名金融专业人士正在试图出手不属于自己的东西，客户需要警惕，了解其中的原因。如果客户发现某位理财顾问将他人的隐私当作自己的一样加以保护，毫无疑问这样的顾问值得信赖。

- 是否有文件显示了这名金融专业人士的成绩记录？如果不想被新手当作实验对象，客户就应该要求检查该专业人士的成绩记录，看一看他在市场低迷时期是不是与市场巅峰时期表现同样出色。问问推荐人，或多向这名理财顾问的长期客户了解情况（询问推荐人时，小心他是托儿）。

- 这名金融专业人士是否清楚表述了投资和财富积累的基本准则？如果他没有清晰的准则指南，并且没有根据实践调整这些准则，那么他多半是跟风型顾问。资质平凡的理财顾问只会听从他人的指示，他不是客户要寻找的人。我喜欢那些能够坦荡说出自己的成功与失败的理财顾问，因为好的投资准则正来自于从失败和成功中学到的教训。

- 询问金融专业人士他为什么从事这一行。这个问题的答案要么是有责任帮助他人，要么是假装有责任帮助他人，而实际上是自己受惠。客户需要破解金融专业人士的答案，察觉他是否对钱的事情感兴趣，对客户持有好奇心，并从工作中得到激励。

如果会谈后，客户确信以上这些基本问题已经或能够被解决，他们就会感觉到和自己合作的金融专业人士值得信赖。客户希望与一名有同情心、有能力的专业人士合作，而且这名专业人士从事金融服务行业的缘由要正当。未来的客户了解他们需要别人的帮

第22章 财务心脏系统：影响个人财富的人际关系

助，而顾问要做的就是向他们证明你就是提供帮助的人。

诊断4：参加捐赠和慈善事业

医学博士杰克·麦康奈尔是名退休医生，他的退休生活发生彻底转变的一刻，是他想起了自己当牧师的父亲过去每晚在餐桌上总要询问的问题。每天，当他和兄弟姐妹们回家后，都要坐在餐桌旁，轮流回答父亲的问题："你今天为别人做过什么？"

无疑，麦康奈尔的生活中诸事顺利，退休后，居住在布尔顿赫德岛一个高档小区中。但是，当他离开自己奢华的住宅区到岛的另一端旅游时，他顿时目瞪口呆。在这里，人们的生活与自己拥有的简直是天壤之别。在接触当地的女仆、园丁、服务生和建筑工人后，他逐渐发现这些人只能得到很少的或根本得不到医疗护理。他认为，这是不公平的，而且岛上的退休医生人数众多。

不久，麦康奈尔找到了解决的办法。他开始联系大量的退休医生，看看能不能说服他们充当志愿者，每周提供几小时的医疗服务。他联系的医生大部分表示，只要在发生医疗事故时，他们的存款不会受到影响，他们就很支持他的想法。准备了一年后，麦康奈尔铺好了道路，为这些医生们重新申请了医疗执照，并且给他们上了保险。接着，他开了志愿者医疗诊所，诊所里的员工都是退休的内科医生、护士、牙科医生和按摩医生以及150名外行志愿者。第一年，来就诊的病人为5 000名，第二年就迅速上升到16 000名。

麦康奈尔的事迹激励了他人，陆续又有15个志愿者医疗诊所投入运营。他放弃了大量高尔夫运动，他的休闲时间大大减少，每周工作时间达到60小时，而且没有报酬。虽然这样，他的精力和生活满意度却上升了。这不是这位医生预想的退休生活，但他没有失望。

在未来,当众多成功人士正朝着自己设想的退休生活大步前进时,他们当中有许多人将顿悟,转变想法,开始将自己的时间、金钱和精力投资到捐赠和慈善事业中去。他们与慈善事业的亲密接触会对他们的储蓄和花销造成一定的影响。这种哲学式的顿悟对于婴儿潮一代人尤其重要,他们当中许多人发现,自己一直以来想弥补失去的时光,特别是在获得了足够的物质财富之后。

许多人愿意将自己的时间和金钱投资到力所能及的事业中。例如,许多医生希望利用自己的医术治病救人,行行善事。一旦客户开始认识到,居住在高档社区,浸泡在游泳池中并没有给他们的晚年生活带来永久的满足时,理财顾问就可以参考第15章"遗产"中的相关内容,激励客户重新思考如何最好地奉献自己。

有许多人际关系(现在或曾经进入我们生活的人)深深地影响着我们的财务满意度,人际关系和财务满意度两者之间关系复杂。我们需要考虑的一个重要方面是,这些各式各样的人际关系如何影响我们的财务生活,如何加速或减缓我们的投资计划。最终,有意义的人际关系,而不仅仅是账户余额,决定了客户对生活的满意度。

第 23 章

生活方式和明智行为：善用金钱

有一个古老的东方寓言，叫做《财富比你想象的更近》。一个富有的商人起程去很远的地方，随身携带了他最昂贵的珠宝。旅程中，他遇到了一位同路人。这个人假装与商人巧遇，其实，他真正的目的是偷走珠宝。每天在客栈寄宿时，他们都住在同一房间里。按照当地的习俗，每个入住的客人都会领到席子、枕头以及晚上洗漱用的洗脸盆和毛巾。

商人怀疑这位新朋友是来者不善，于是为了保护自己的珠宝，他想出了一个好主意，而这位居心叵测的新朋友对此毫不知情。每天晚上入睡前，商人都会好心地让他先沐浴。小偷一离开房间，商人就将自己装着珠宝的包裹放在小偷的枕头下。当小偷沐浴完，商人去沐浴时，小偷就会趁这一时机，暗自欣喜地搜查商人的东西。他把房间搜了个遍，当然没有错过商人的枕头。但是，虽然珠宝就在他的眼皮底下，他就是没找到。他拼了命地找，最终疲惫不堪，灰心失望，无法入睡。

在两人相处的最后一天，商人告诉迷惑不解的小偷，他私下里早已知道小偷的意图。商人接下来说的话更是让小偷懊恼不已，

"你费尽苦心搜查每个地方,但是却独独没有找找自己的枕头底下。财富比你想象的更近。"

这个简单、深刻的寓言含义丰富,揭示了在不懈地追求财富、以求快速致富的征程中,我们应持有的一种财富理念。如果不能妥善地安排好我们的钱,我们所学到的关于钱的知识都是白费。钱是一种手段,是仆人,不是主人。但是,没有人敢说自己已抵住诱惑,没有愚蠢地向这位仆人妥协,向它鞠躬示好。当人成为金钱的奴隶时,正如菲尔丁所说:"如果你敬拜金钱为神,它会像魔鬼一样折磨你。"

本章是财务诊断方法的最后环节。在本章中,我们将审视金钱的意义,让钱服务于我们,而不是被它牵着鼻子走。积累财富的4大明智行为包括:

1. 从事有意义的"工作"。
2. 设法理解和获得真正的"财富"。
3. 追求和谐、有意义的生活。
4. 终身努力,维持良好的财务健全度。

诊断1:从事有意义的"工作"

好的事业可以让你锦上添花。

——阿农

在《关于钱,你学到的一切都是错的》一书中,作者卡伦·拉姆齐将其中一章的标题命名为"我不喜欢我的工作,但是不做这份工作我又负担不起生活"。在这章中,拉姆齐讲述了一名客户的故事。这名客户说,如果他希望得到自己想要的退休福利,他将不得不再工作12年,这超出了他的预料。

第23章 生活方式和明智行为:善用金钱

"我该怎么办?"客户问道。

"你看,"拉姆齐回答说,"12年是个很长的时间。对你而言,这段时间更是难熬,因为你恨自己的工作。我猜想,你惧怕的不是时间的长短,而是你需要再浪费12年的时间做自己不想做的事。"

"我别无选择。"客户回应说。

"做些你喜欢的工作怎么样?"拉姆齐继续问道,"既然你需要再工作12年才能退休,你倒不如做些自己喜欢的事。"

看到这里,我们不禁会想到,由于最近的社会经济状况,相似的谈话越来越普遍。许多客户面临着与以上客户同样的尴尬处境,当他们的财力无法跟上退休计划时,他们作出了以下选择:

- 保持原有计划,并期望市场能够反弹。
- 如果喜欢自己的工作,继续待在原工作岗位上。
- 即使不喜欢,还会在原有工作岗位上继续工作,继续痛苦。
- 开始事业转型,在随后的工作生命中,得到更多的快乐。

这并不是说,每个对现有工作环境不满的人都可以只图痛快,放弃这份工作,毕竟这是不够稳妥的做法。许多人都曾经试图创业,或开始事业转型,结果却发现情况更糟糕,当收入无法预测时更是如此。一些人发现,自己现在的工作比先前的工作需要承担更多的压力,更难以忍受。

但是,另一方面,有许多人认为,在不喜欢的岗位上苦干多年,退休后就可以过上世外桃源一般的生活。这种想法与追求虚幻梦想同样愚蠢,这是因为当到达世外桃源的门口时,我们已经体力不支。在客户开始从事一种更具有满足感的工作之前,他们一定要思考工作和满足感是否有可能一致。

对于一些人来说,让他们无法获得满足感的是自己的工作环境,对于另一些人来说,则是与自己共事的人;还有些人难以忍受自己的工作性质。在事业转型之前,客户必须揪出"犯人",即导致自己对工作不满的真正原因。使用本书第 14 章"在事业转型和退休过渡时期提供指导"中的工具和方法,理财顾问可以帮助客户成功实现事业转型。

许多人习惯将工作看作是负担。谈论工作时,有多少人的眼睛闪闪发光?与志趣相投的人一起为心爱的事业奋斗一生并不是盲目乐观。随着工业时代的到来,诞生了"工作"这一词汇。一提到这个词,就让人感觉我们需要整日忙忙碌碌,从事无聊至极的工作,时刻盘算着还需要多少天才能退休。实际上,完全不必这样,在我们的面前,有大量明智的事业选择机会。问题的根本不是我们需要挣足够的钱,而是我们始终认为要想挣钱,只有继续痛苦地工作。明智的人工作是为了保持工作生活和内心世界的和谐、同步;而明智的理财顾问会将自己定位为客户的伙伴、向导,了解客户是否需要事业转型,并帮助客户实现事业转型。

诊断 2:设法理解和获得真正的"财富"

你们要省察自己的行为。你们撒的种多,收的却少。你们吃,却不得饱。喝,却不得足。穿衣服,却不得暖。得工钱的,将工钱装在破漏的囊中。

——《哈该书》1:5-6

沃伦·巴菲特曾说过:"真正让你高兴的只有两件事,即健康和爱你的人,你无法用钱买到其中任何一件。"这或许是真的,财富的获得能够立即暴露出一点,即金钱无法让我们满足。明白这一点与时间、年龄和经历无关。但愿每一个人在获得金钱时都能明白金钱的含义。

我最近听到这样一个故事。在数代同堂的大家庭中,有一对夫妇使用卑鄙的手段,说服一位患有阿尔茨海默症(老年痴呆)的亲戚

第23章 生活方式和明智行为:善用金钱

更改遗嘱,让他们自己成为唯一的继承人。当老人去世后,所有的亲戚忿忿不平,尤其是当他们看到这对夫妇盖了新房子,买了新车时,更是火冒三丈。其实,这一点不奇怪,真正让人惊诧的是,这时,这对夫妇已经80出头了。很明显,洞察世事和了解金钱的意义并不特定发生在人生的某一阶段。

希望和客户讨论真正的财富的理财顾问会发现图表23.1中的问题很有用。

图表23.1　　　　　　　　真正的财富

1. 你如何定义工作生活中的成功?

2. 你如何衡量家庭生活中的成功?

3. 你如何定义和谐生活?

4. 你如何定义财务生活中的成功?

5. 你希望他人回忆你时会有怎样的评价?

与积累财富同样重要的,是牢记积累财富不是生活的全部。作为理财顾问,我们渴望了解是怎样的价值观驱动客户不断积累财务。客户对图表23.1中问题的回答可以帮助顾问了解他们对真正的财富的理解。

一旦客户清晰表述了自己的价值观,身为理财顾问的你就可以帮助他们,充当舵手角色,引领他们一步步领会和获得真正的财富,而不是让他们没头没脑地接受社会以及文化所赋予的财富定义。这些定义往往让大多数人感觉实现自己的目标简直是痴心妄想。

依靠物质标准评估成功经常让一些人自卑，另一些人自傲，而很少让这些人感到满足。作家苏泽·奥尔曼曾说过："我们生活的质量不仅仅取决于我们挣了多少、存了多少以及花了多少。真正的财务自由取决于我们如何定位自己，而不是我们拥有什么。你就是你，确切地说是现在的你。我们不能用净值来衡量自我价值。"

诊断3：追求和谐、有意义的生活

我们当中的大多数人走向坟墓时，心中的音乐仍然不为世人所知。

——奥利弗·温德尔·霍姆斯

人类文明所面对的最大投资挑战不是如何获取物质财富，而是如何投资我们的生活。多次调查结果显示，大部分美国人公开的秘密都是缺少时间。绝大多数调查对象感觉压力深重，并将个人时间列为最重要的选项。当人们年岁已高（指他们还剩下一半的人生时光），他们开始意识到自己迟早会死，而剩下的余生可能依旧会忙碌无暇，没有个人时间。当回答如果有多余的个人时间，打算如何利用时，多数人表示会享受天伦之乐，参加休闲活动或其他可以让他们连接外界、了解生活真谛的活动。许多中年在职人士表示，已经厌倦了对晚年生活的期待，他们希望立即享受生活。一些再婚人士已经看到全力追求事业造成的损失。

作为顾问同时也是作家的卡伦·拉姆齐抓住了客户的这一情绪。

单单工作已不能满足人们的胃口。我们还需要与生活中的其他人保持良好的关系，需要时间维系这些关系。我们经常发现自己忙于工作，没有时间与亲朋好友相处，即使我们的长期辛苦工作会

第23章 生活方式和明智行为：善用金钱

得到一些回报，也极少能够弥补这种遗憾。为了追求和谐的生活，我们需要改变。这意味着我们需要听从自己的内心呼唤，而不是一味满足别人的预期。

工作可以定义为一种交易，为获取报酬，我们出售自己的时间。我们需要不断审视这个交易是否公平，其中一个考查点就是这个交易是否对我们生活的其他重要方面产生了消极影响。当人们说自己感觉压力太大，需要更和谐的生活时，他们实际上是在承认，自己已经交出了时间的主控权，而时间则是最宝贵的商品。如果这些人放弃对物质资产的控制，他们会抱怨因而产生的压力和困境的无望吗？明智的投资者知道，他们的时间和精力同样是滚滚而来的财富的种子。你为什么用钱购买增长迅猛的基金，而把时间和精力放在银行存折中，或更糟糕的是，一家亏损的公司里呢？

人们的意思也许是这样的，他们觉察到自己不仅仅需要金钱，还想拥有更为持久的价值。我们已经发现，通常这些人都是在等待别人认可他们的这种想法。

作家马克·爱森逊利用投资这一比喻精辟地形容了人们的内心不仅注重物质，而且不知所措的状态。他写道：

对于不同的人，生活质量意味着不同的东西，每个人对它的定义各不相同。但是有一件事需要认识到，你的生活是多面的，它们共同构成了你所体验的生活质量。每一面都是你"人生投资组合"不可分割的一部分，你对时间和精力的投资是你如何让人生投资组合增值的方式。各个面是否如你所期待的那样具有投资"价值"？如果不是，是时候重新评估和重新平衡你的投资组合了。正如华尔街希望投资价值上升一样，你希望自己对时间和精力的投资获取高回报。这么做，会让你感觉到快乐、满足、精力充沛并且生活悠闲。幸运的话，它们甚至能为你挣钱。

值得做的事情

与平衡感类似,我们的意义感同样受时间投资的影响。"意义"这个词可能有些抽象,难以定义,这导致一些深层次的哲学问题,如,"人生的意义是什么?"但是,在金融人生规划领域,更为实际的问题是,"什么对我有意义?"换句话说,当客户设计未来时,时间投资的最高标准是以一种有意义的方式消费时间。

无论是有薪还是无薪,最重要的是,工作激发了个人的自我价值和身份认同。你是否认识某位理财顾问,他虽然获得了成功但似乎并没有从自己的工作中感受到愉悦?这种行为往往是某种人格分裂征兆。作家芭芭拉·谢解释说,发现适合你的工作,即适合你的技能、兴趣、价值观和偏好的工作的第一步就是,理解你爱做的与值得做的之间的联系。在两者的相交处,你会发现自己的意义。她写道:"如果你的确在乎某一件事,你必须将它纳入你的生活。我们当中许多人都有自由寻找自己钟爱一生的工作,这归因于我们的文化的成功。"

我们已经发现,大部分没有自由寻找自己钟爱一生的工作的人,在理财决策领域里同样不得不沦丧了自己的自由。借太多、花太多,作出错误的投资选择和战略,忽视财务生活的分析和控制,这些人推迟或放弃了对意义的追问。好的金融人生规划师会让客户的整个世界大不相同。首先,他们会帮助客户思考意义所在之处,定位爱做的与值得做的这两者间的相交点。其次,他们会帮助客户将自己的金融生活与实现这一意义的目标相统一。如果对目标没有清晰的理解,这个追求过程会流于空洞,并且每一次心血来潮及其他影响事件都会让这一过程大打折扣。

诊断4：终身努力，提高财务健全度

维持财务健全度需要对金钱有更好的理性理解。大部分人不了解理智和智力并不是一回事。智力用于掌握每一术语和数字的意义与背景。我们能够教育人们理财和投资，提高他们的理财智力和投资智力，即使这样，他们的财务行为很少会发生显著的变化。在这里，有必要在大脑和心智之间作出区分。

无法否认，理财思维和行为存在"灵"的一面。财务理智根植于价值观、家庭类型、恐惧和信仰当中。面对财务理智，智力显得虚弱无力。当我们指望增加自己的金钱数额时，从一开始我们就必须了解一件事，那就是，在智力上了解钱不等同于在理智上把握好钱。提高财务健全度，需要改变我们对金钱的理智。从这方面讲，滔滔不绝地陈述事实和讲解金融概念毫无用处。

许多人参与财务教育，而财务教育无非是数学和个人经济学课程。但是，任何追随市场的人都知道，要了解市场的剧烈波动现象，学习心理学课程非常有用。个人财务教育同样如此，虽然这里的剧烈财务波动现象只是个人层次上的，永远成不了CNBC的头条新闻，但是，用心理学术语解释它们比用数学术语来得更为清晰。

要想成功，作为一个投资者应该克服诱惑，控制情绪。由于人们赤裸裸的恐惧和贪婪，市场先生（本杰明·格雷厄姆对狂躁市场行为的暗喻）提供的东西总是充满诱惑力。有时，他使人们的情绪就像过度使用了奴佛卡因一样，忽略了在市场买卖中的惊险刺激。本杰明·格雷厄姆的弟子沃伦·巴菲特忠告人们，不管发生什么，你都必须完全不在意市场先生。

控制我们的情绪通常意味着，当市场先生通过金融版面或者金融渠道出价时不要做任何事。专栏作家詹森·茨威格说道："如果你不能控制你的情绪,身在市场就像背着装满炸药的背包走进一个炙热地带。"或许,有的客户就背着这样的背包走进顾问的办公室。对顾问来讲,也许首先应该沉下心来,考虑适宜性的问题。有些人无法很好地控制自我情绪,糊里糊涂地听从了市场先生的建议,尽管这些建议不合时宜。他们就像酒鬼一样,要么"滴酒不沾",否则一滴酒就可以勾引出他们的酒虫来,顿时千杯万杯,最终彻底垮掉。

客户需要参与财务教育,但财务教育不仅仅涉及理财技巧,还应该包括理智思维中所涉及的情感"诡计"。客户需要识别自己的强项、弱项,以及易受影响的组织、实践和情感。用《理财规划让一切简单易行》的作者安德鲁·托拜厄斯的话来说就是,"不仅仅关注钱,这种方法让你的心和脑同时思考。"

明智行为是知识和经验的产品,反过来也可以帮助客户了解自己。已经拥有这一自我意识的客户将会了解到,他们必须警觉地监视自己的生活,防止自己的财务生活遭到破坏。客户将学会保护自己的财富积累过程,阻止来自忽视、否定、缺少自我控制、抗挫折能力以及无益人际关系的破坏。将钱放在应该放的地方,让钱作为仆人,而不是主人,这样客户将会高兴地发现,实际上,真正的财富比他们想象的更近。

第24章

继续财务教育

  J. D. Powers 市场调研公司最近对 100 000 户家庭进行了民意测验,调查是哪些因素在影响客户对金融服务提供商的满意度。该调查研究由《华尔街日报》和道琼斯通讯社赞助,研究结果令人震惊。调查对象的财富范围分布较广(从不足 5 万美元到超过 100 万美元),但这些投资者(调查对象)一致表示,教育和信息是他们评定自己对投资公司和投资专业人士满意度的最重要因素。

  但是,J. D. Powers 公司的调查还发现,投资公司向客户提供信息和教育机会的方式不对。该项调查的负责人南希·索尔克解释说:"各种信息材料淹没了客户,但是经纪人没有时间,并且没有动力提供客户需要的指导方式。"据索尔克所言,客户喜欢理财规划师的指导模式,并且,"如果客户认为经纪人的模式与理财规划师有差距,他们就会转向别的专业人士,经纪人就会错失良机。"

  很明显,如果金融专业人士能够提供更全面的方法帮助客户管理金钱,并教给他们一定的财务知识,将会得到客户的更多青睐。但是,绝大多数客户既不想也不需要信息垃圾,这些垃圾中充斥着行业术语、技术分析和经济预测。正如美国证券交易委员会前主席亚瑟·李维特所说的:"今天,信息泛滥,但具有讽刺意味的是,人们是否具有扎实的财务基本知识,从而能使用这些信息?"

房利美基金会曾委托社会金融研究协会调查美国财务基础知识教育现状。在最终的研究报告《个人理财和竞争力渴求:美国财务基础知识教育状况》中,研究人员几乎是在迫切恳求金融服务提供商回应客户的需求,这么做,才能得到更大的市场份额。

无论是从社会经济学的角度,还是从社会文化的角度,个人财务教育极具挑战。今天,金融服务业必须自动自发、心甘情愿地迎合大众的文件阅读能力,拟定的合同和其他文件应该用通俗易懂的英文书写。今天的消费者越来越聪明,为了获取他们的业务,金融服务行业内的竞争不断升温。我们认为,个人财务教育将是金融服务公司的营销机会所在。

客户(和潜在客户)希望从金融服务供应商那里获得财务教育,了解基本财务准则,当然"老师"的语言应该通俗易懂。另外,如果教育信息紧贴客户的个人情况,那么它将更有效,更易被客户吸收。可见,在金融人生规划师的面前,同时存在着挑战和机遇,他们应该满足客户的需求,并且在众多竞争对手中脱颖而出。

作为金融人生规划师,你对每一客户的教育应该从最初的一对一会面开始。随后,可以采用以下多种方法继续对客户进行综合教育:推荐书籍、每月对账单中包括的材料、邮寄业务通讯以及网站上登载的信息和资源。

专题讨论会

另外,专题讨论会和研究会可以服务现有客户,吸引新客户,该方法十分奏效。除了第18章~第23章讨论的"财"商外,退休规划的财务要素和非财务要素都是很受欢迎的讨论主题。ISFS(美国社

第24章 继续财务教育

会金融研究协会)财务基本知识调查研究结束时,调查人员观察到,在退休规划主题讨论会上采用整体分析方法尤其有效。

应该不断将人生规划方法加入客户教育课程中,这样可以帮助人们在临近退休时主动思考自己的未来。退休规划方法应该拓宽范围,不仅应包括财务方面的内容,还应该包括生活方式选择和其他"软"课程主题及材料,这些课程主题和材料对于研讨会的参与者具有极大的实用意义。

新退休理念主题讨论会是范例课程之一,会上讨论和关注的不仅仅是相关数字,还调查有意义的"工作"对客户退休前和退休后的价值,会谈内容涉及健康、保健、人际关系等话题。理财顾问可以参加该讨论会,并将这种模式用于客户实践,或者用于在社区、组织及公司中的演示场合。

林肯理财顾问公司的理财规划师布里格斯·马茨科并不组织退休规划讨论会,但是向距退休还有5~10年的客户提供《新退休理念》一书。该书重点强调了成功的、令人满意的退休的关键因素:转变、平衡、潜力、意义、财富以及目的。

摩根斯坦利公司的理财顾问乔治·蒙迪将以下个人信息和工作手册一起提供给客户:

我们中的很多人以一种传统的眼光看待退休。很久以前,人们可能工作到62岁,忠心耿耿地工作30年后带着金表退休,然后申请社会保险,在接下来的十几年的时间内放松身心、打高尔夫、旅游,简单地享受人生中的"黄金时段"。不必说,这种形式的退休生活已不复存在。人们的退休年龄提前,生存寿命延长。当前,一个人的退休生活长达35~40年的例子十分常见。退休模式转变也要求我们对自己的财务规划进行大规模的调整,全面的"生活规划"同样重要,或者更为重要。退休的概念正在发生转变,很多个体为此做的准备并不充足。

"退休"到底意味着什么？很多退休人员选择第二职业或开创小型企业。他们将自己的时间投入到慈善事业和社区工作中。他们每天都劳碌奔波，改善着我们生活的世界。未来十年中，八千万婴儿潮时期出生的人临近退休，现阶段我们所了解的退休状况将被彻底改变。

多年以来，我帮助即将退休的人员进行财务规划以面对和退休相关的财务挑战。我发现在向客户提供咨询服务的过程中，我再也不能够"在真空中"向他们提供财务规划和投资建议。退休规划所涵盖的内容远不止对数字的处理。退休生活的成功同生活中的其他成功一样，包含的内容很广泛，而不仅仅是一个强大的投资组合。高效的退休规划战略必须考虑到生活的方方面面，包括精神、物质、心智和社会。作为一名退休顾问，帮助客户规划"全盘的"退休战略，毋庸置疑，是我能够提供的最大价值和最高级别的服务内容。

我已经发现这部工作手册对于当前的退休人员而言利用价值很大。无论退休生活将是怎样的，它都可以在从工作生涯转入退休生涯的过程中帮助您仔细考察生活的各个方面。您的退休将成为一次新的冒险。当您接近生命中这个阶段的时候，它可以帮助您制定一个与夙愿相吻合的"人生战略"。我很高兴能有这样的机会来与您探讨这些引发思考的事情，并帮助您设计一个真正全面的人生规划。

最大限度地享受生活！

利基市场

以人生规划为主题的讨论会和研讨会在接近利基市场方面也同样十分成功。例如，女性就很乐于接受这种以客户为中心、基于价值的方法。范·坎彭共同基金根据大卫·贝奇的畅销书《精明女人理财之道》编写了 90 分钟的顾问演示和辅助内容，解释了基本财务概念，如货币的时间价值及净值的确定，同时还强调了更为主观的话题，如基本财务目标和个人价值。贝奇在材料中还提到该过程的起点就是客户真正认识到自己的"驱动力"，即他们赚钱的动力。他说，这是唯一有效的工具，可以帮助客户"创建人生规划，该规划将带领他们实现自己所希望的终极财务目标"。

打开通往企业的大门

顾问可以通过在工作场所进行演示来教育客户。在《理财规划期刊》中，杰奎琳·M·奎因写道："公司中的财务教育接受面正在不断扩大，以前只向高级主管进行的财务教育逐渐成为面向普通员工的主流。"对于员工而言，主要的刺激因素和他们的401（k）计划有关。公司依靠理财教育来增加参与401（k）计划的员工数量，提升员工对401（k）计划的贡献等级，遵守《1974年员工退休收入保障法案》的404（c）中的规定，避免任何可能的损失。最近，各家公司还发现理财教育可以有效地吸引并保留有价值的员工。

德勤会计师事务所向280名员工收益专家展开了一项调查，用于确认他们在下一年度最看重的收益。这些收益专家最看重的5大事件中有两件和财务教育有关：提供财务/退休规划工具和信息；提供更多的投资教育。

还有另一个教育机会可为新退休观念专家所利用，即当前人们的退休年龄增大，工作年限延长的趋势，这个趋势将对退休规划、储蓄和教育产生重大影响。在一篇名为《转变了的工作环境：如何生存》的文章中，新职介绍顾问约翰·A·查林杰写道：

……也许人力资本分配中最积极的改变源于雇佣者怎样使用他们最有经验的雇员。在美国，65岁退休的例子逐渐消失。公司正在建立允许年老员工工作到七、八十岁的工作机制。兼职的可能性以及咨询工作的安排允许年老员工在工作和个人生活需求间再度取得平衡。

社会不仅越来越重视年轻和活力,而且也越来越注重老年人和智慧。那种曾经让公司很难雇佣年老职员的歧视性想法本质上是不理智的,这样的制度完全跟不上今天的价值观。今天的大公司对50岁以上的员工采取了更为开放的政策。如果你在40多岁或者年纪更大时失业,知名的大公司对你不感兴趣的状况不会发生。今天的公司高度重视经验、公司记忆以及专业技能这些年老职员所拥有的特点,并通过大量雇佣年老的职员来实现它们的这些需求。

该潮流无疑会筑就对教育的需求,并将这个转变纳入退休规划考虑之中。与当前的预测相比,工作相关所得会在婴儿潮一代人的退休生活中扮演一个更为重要的角色。图表24.1将婴儿潮一代人的信念与现今潮流反映的现实做了比较。

图表24.1　婴儿潮一代人的退休收入来源:信念与现实的对比

收入来源	信念	现实
公司养老金	45%	20%
社保	26%	18%
个人积蓄	22%	33%
其他	4%	2%
工作收入	3%	27%

许多婴儿潮一代人经历了一个猛然醒悟的过程,然而幸运的是,当传统的退休观念逐渐减弱时,他们身体健康且有兴趣继续工作。

第 24 章　继续财务教育

金融人生规划师的教育角色

金融人生规划师能从这里再次将自己与竞争对手区分开，因为他们懂得这些问题并着重于金融人生规划而非金融产品。同样，他们着眼于训练客户，使其能够作出健全的财务决策，而非关注于推销产品。在面向企业的教育中，金融人生规划师并非靠不切实际的吹嘘赢得雇主和雇员们的好感，而是通过给雇主和雇员们提供易于理解的相关信息，指导他们制定恰当的人生决策。

目　标

金融人生规划师的教育努力应以帮助客户实现财务健全目标为导向，然而这并非唯一目标。金融人生规划师也必须向客户表明真正的财务自由的重要性远大于财富本身。不受金钱约束的想法会影响人们对钱的态度和行为。对金融人生规划师来讲，最为重要的是帮助客户努力实现财务目标与其内在需求的一致，这一点在前述拉姆齐的《关于钱，你学到的一切都是错的》一书中已得到了充分阐述。

在个人财务管理中，出发点是采用一种现实的态度。钱只有用之有道，才能改善生活质量。只有当你学会把钱花在最为根本的地方(即你最为关注的东西时)，钱才能成为一个创建更为圆满的生活的工具。

通过金融人生规划，今天的理财顾问能在拥有金钱和享受生活间架起一座桥梁。在顾问的帮助下，客户能够用自己的钱实现一种圆满、协调的生活。将自己重新定位为合作伙伴、向导和教育者的顾问，将在客户的生活和未来中扮演十分重要的角色。

结　语

很多理财顾问都有过这样的疑惑："你认为金融人生规划能帮助我感到自己在从事一项很重要的事业吗？"这一疑问很普遍，在同许多顾问和经纪人的通话与交谈中，我了解到他们都有此关注。他们表露出对业务发展方式感到筋疲力尽、灰心丧气、疲惫不堪并且厌倦，认为与客户生活之间实现更紧密的联系需要从例行的、重复的流程中解脱出来。这样虽然赚到了很多钱，但是不知何故觉得在业务流程中缺少与人的沟通。而我想说的是："在你尽力帮助客户解决他们'想从生活中获得什么'这一问题时，你应该问你自己相同的问题。"

世界上最成功的人能从他们从事的事业中看到一个崇高的目标。通过将自己的精力、技能和热情投入自己善于并乐于从事的实践中，他们有一种完成生命使命的感觉。如果你问他们，他们会告诉你他们从事的不仅仅是一个工作。人们在遇到这些人时，会不由自主地想要与他们交往。这本书就是为那些想要成为这样的人或已经成为这样的人而写的。

试着回答这本书中为客户设立的提问。测试你现在对生活平衡、有意义的生活以及人生价值和目标的感受，你会发现你与客户没有差别。我们都想追求一种充实的生活，想在人生之旅中好好地享受生活，想陪伴我们所爱的人，想从事我们真正喜欢的事业。在这些追求中，钱能让我们成功或者失败。这就是顾问的角色如此重要的原因。顾问能够帮助人们勾画出自己的生活愿景，发现自己在人生中真正想要实现的东西，能帮助人们更快地实现目标，更早地过上自己想要的生活。这绝不只是一份工作,这是一种使命。

通过以客户的人生目标为中心,顾问的工作才有意义;通过向客户传递更大的价值,顾问自己才能感受到生活的意义所在。